Die Revolution frisst ihre Kinder

Deutsches Filmexil in der UdSSR

von

Jasmin Arnold

Tectum Verlag
Marburg 2003

Arnold, Jasmin:
Die Revolution frisst ihre Kinder.
Deutsches Filmexil in der UdSSR.
/ von Jasmin Arnold
- Marburg : Tectum Verlag, 2003
ISBN 978-3-8288-8479-3

Tectum Verlag
Marburg 2003

DER SCHRECKLICH NETTEN FAMILIE
ARNOLD/SULTANOV-ARNOLD
GEWIDMET

9

Inhaltsverzeichnis

Anmerkungen zur Aussprache der nach der wissenschaftlichen Transliteration aus dem Kyrillischen übertragenen russischen Eigennamen und Begriffe

e/ë ‚je' (Kamenev, Sinovev), in einigen Fällen auch ‚jo' (ë), dann immer betont (Potëmkin) (unbetontes ‚o' – wie ‚a' (Potëmkin))

ė kurzes, offenes ‚e' (poėt)

č ‚tsch' (Balčuk)

š ‚sch' (Šumjaskij)

ž stimmhaftes ‚sch', wie in Journalist (Mežrabpomfil'm)

c ‚ts', wie in Zeichen (Borcy)

ch immer hart, wie in ‚ach' (Chmel'nickij)

s stimmlos, wie in ‚essen' (poslednij tabor)

z stimmhaftes ‚s', wie in ‚Rose' (Izvestija)

v im Anlaut, intervokalisch und vor stimmhaften Konsonanten = ‚w' (vosstanie); im Auslaut und vor stimmlosen Konsonanten = ‚ff' (Kamenev)

y eine Variante des Phonems ‚i' in harter Umgebung - ein Laut, den es im Deutschen nicht gibt, bei seiner Bildung bleiben die Lippen ungerundet (wie bei ‚i'), während die Zunge zurückgezogen ist (wie bei ‚u')

' dieses Apostroph ist ein Weichheitszeichen, das die Palatalisierung des vorangehenden Konsonanten anzeigt, der mit leichten ‚j'-Hauch gesprochen wird (Mežrabpomfil'm)

Wenn für einen russischen Begriff eine geläufige deutsche Schreibweise existiert, habe ich diese übernommen (z.B. Kiew (statt Kiev), Taschkent (statt Taškent), Kasan (statt Kazan'), NKWD (statt NKVD) usw.).

Einleitung

Das Schicksal deutscher Flüchtlinge in der UdSSR in den dreißiger Jahren des zwanzigsten Jahrhunderts gehört zu den tragischsten Kapiteln des Exils. Hauptsächlich Kommunisten oder deren Sympathisanten suchten vor dem sich seit Beginn der dreißiger Jahre in Europa ausbreitenden Hitlerfaschismus Schutz in der Sowjetunion. Dort aber wurden viele von ihnen unschuldig Opfer der stalinistischen Säuberungen. Das Schicksal vieler verschwundener Deutscher kann erst seit dem Ende des Kommunismus in Osteuropa vor knapp zehn Jahre und der damit verbundenen allmählichen Öffnung der dortigen Archive erhellt werden.

Auch deutsche Filmschaffende fanden in der UdSSR Aufnahme, stellen aber im Gegensatz zu den Filmemigranten, die sich Richtung Hollywood aufmachten, einen Sonderfall dar, da sie sich hauptsächlich aus reinen Theaterschaffenden zusammensetzten, die erst in der Sowjetunion ihre ersten Filmerfahrungen sammelten.

Diese Arbeit richtet ihr Hauptaugenmerk auf die drei einzigen unter maßgeblicher deutscher Beteiligung entstandenen Spielfilme, die während der Exilzeit zwischen 1933 und 1945 in der Sowjetunion entstanden sind und in der Exilforschung als „Exilfilme" bezeichnet werden. Hierbei handelt es sich um „Der Aufstand der Fischer" von Erwin Piscator aus dem Jahr 1934, um „Kämpfer" von Gustav von Wangenheim, gedreht 1935/36 sowie um „Professor Mamlock" von Herbert Rappaport aus dem Jahr 1938. Die Umstände, unter denen diese Filme gedreht worden sind sowie die Schicksale der Mitwirkenden stehen in dieser Arbeit im Vordergrund.

In Kapitel 1 geht es zunächst um die Motivationen, die deutsche Staatsbürger nach Hitlers Machtergreifung in die Emigration trieben. Darauf aufbauend befasst sich Kapitel 2 mit der UdSSR als Asylland unter besonderer Berücksichtigung der asylpolitischen Verfahrensweisen und der Lebens- und Arbeitsbedingungen, die die Emigranten vorfanden. Desweiteren wird in den Unterkapiteln auf die politische und gesellschaftliche Entwicklung im Verlauf der dreißiger und vierziger Jahre bis zum Kriegsende eingegangen.

Kapitel 3 behandelt die allgemeine Situation deutscher Filmemigranten unter den Bedingungen der sowjetischen Filmindustrie.

In Kapitel 4 wird eine ausführliche Beschreibung der so genannten „Exilfilme" gegeben, unter Berücksichtigung der deutschen Mitwirkenden, der Produktionsbedingungen, Uraufführungen und gegebenenfalls der Wiederentdeckungen in der Nachkriegszeit. Hier erfolgt die Behandlung der Filme nicht chronologisch nach ihren Entstehungsjahren. Der Film „Kämpfer" von 1935/1936, in dem fast ausschließlich Deutsche mitwirkten, steht am Ende, weil er direkt überleitet zum fünften Kapitel, das sich mit den Schicksalen dieser deutschen Emigranten beschäftigt, die fast alle von den stalinistischen Säuberungen betroffen wurden. Dabei wird besonderes Augenmerk auf das Verhalten des Regisseurs, Schriftstellers und aktiven Parteimitglieds Gustav von Wangenheim gelegt, der bis 1945 in der UdSSR lebte.

Die Verfasserin der vorliegenden Arbeit nutzte für ihre Recherchen nicht nur die vorliegende Literatur, sondern auch verschiedene Archivbestände während dreier Berlinreisen. Es handelt sich dabei um Teile des Alexander-Granach-Archivs, des Heinrich-Greif-Archivs, des Erwin-Piscator-Centers, der Erwin-Piscator-Sammlung und des Gustav-von-Wangenheim-Archivs der Stiftung Archiv der Akademie der Künste in Berlin.

Die Materialien aus den Nachlassarchiven von Granach, Greif und Piscator sind unter ihrer jeweiligen Signatur in den Findbüchern der Akademie der Künste verzeichnet. Wangenheims Nachlass ist bislang nur grob geordnet und noch nicht verzeichnet. Daher wurde nur das gesichtet, was sich unter dem Stichwort seines Films „Kämpfer" im Archiv befindet. Dabei stellte sich allerdings heraus, dass kaum zeitgenössische Aufzeichnungen zum Film vorhanden sind, sondern hauptsächlich Materialien, die erst fast dreißig Jahre später, anlässlich der Wiederentdeckung des Films und seiner ostdeutschen Erstaufführung 1963, entstanden sind. Von den Archivmaterialien ist nur das aufgeführt, was auch in der Arbeit zitiert wird. Ebenso verhält es sich mit den übrigen Literaturangaben.

Ferner wurden für die vorliegende Arbeit verschiedene Filmmaterialien gesichtet. Davon befindet sich ein Teil in der Mediathek der Ruhr-Universität Bochum. Die Filme „Der Aufstand der Fischer" und „Professor Mamlock" konnten nur im Filmarchiv des Bundesarchivs in Berlin eingesehen werden. Die Bibliothek des Filmarchivs beherbergt außerdem die Filmmappen zu diesen Filmen, die hauptsächlich Rezensionen enthalten.

1. Emigrationsanlass

Nachdem Hitler am 30. Januar 1933 die Macht in Deutschland ergriffen hatte, etablierten er und seine Partei ein System der rassischen, politischen und kulturellen Verfolgung. Es richtete sich gegen so genannte „Nicht-arier" und alle politisch und philosophisch Andersdenkenden.

Im Verlauf der nationalsozialistischen Herrschaft kam es zu verschiedenen Emigrationsschüben, denen konkrete Ereignisse bzw. Maßnahmen der Nazis vorausgegangen waren. Diese Emigrationsschübe waren je nach vorausgegangener Ursache entweder primär rassisch oder primär politisch bedingt. Hierbei ist natürlich zu bedenken, dass die Übergänge fließend waren und die rassische bzw. politische Komponente bei der Entscheidung zur Emigration hinzukommen konnte. Der spätere Vormarsch der Nazis in Europa zwang deutsche Emigranten immer wieder zu Weiterwanderungen.

Schon die Situation vor 1933 veranlasste viele Deutschland aus Widerwillen gegen die politische Entwicklung zu verlassen, andere arbeiteten damals bereits im Ausland. Hierzu gehörten auch Filmschaffende, wie beispielsweise Ernst Lubitsch, Friedrich Murnau, Marlene Dietrich oder Erwin Piscator. Wieder andere hielten sich gerade außerhalb Deutschlands auf und kehrten nach 1933 nicht zurück.

KPD-Mitglieder, die vor 1933 aus politisch motivierten Gründen straffällig geworden waren, etwa, weil sie sich Kämpfe mit der SA oder der Staatsmacht geliefert hatten, flüchteten in die UdSSR und wurden dort als Politemigranten aufgenommen. Dies waren beispielsweise zwischen Januar 1931 und März 1932 etwa einhundert Personen.[1]

Die Machtergreifung selber löste noch keine große Emigrationswelle aus. Offensichtlich war der Glaube an Recht und Gesetz der Weimarer Zeit noch vorhanden. Die nachfolgend geschilderten Ereignisse ließen nicht nur Menschen in die Emigration gehen, die direkt betroffen waren, sondern

---

[1] Tischler S.15.

auch solche, denen die fortschreitende Handlungsweise der NS-Regierung die Augen über den Charakter des Regimes öffnete.

1.1. Emigration aus politischen Gründen

Die Emigration aus politischen Gründen zeichnete sich dadurch aus, dass die meisten Emigranten davon ausgingen, dass das Hitlerregime nur von kurzer Dauer sein und auch ihr Exil nur vorübergehenden Charakter haben würde. Die ersten Aktionen der NSDAP nach dem 30. Januar 1933 richteten sich als Einzelaktionen gegen politische Gegner. Das Ereignis, das eine erste große Emigrationswelle bedingte, war der Reichstagsbrand am 27. Februar 1933. Man machte die Kommunisten für die Brandstiftung verantwortlich und verbot die KPD. Noch in derselben Nacht setzten umfangreiche Verhaftungen und Hausdurchsuchungen ein. Viele verließen fluchtartig den Einflussbereich der Nationalsozialisten. Der Reichstagsbrand diente den Nationalsozialisten also als Vorwand für weitreichende Kommunistenverfolgungen. Diese wurden durch die bereits am 28. Februar 1933 vom Reichspräsidenten unterzeichnete „Notverordnung zum Schutz von Volk und Staat" legitimiert. Sie setzte zur Abwehr kommunistischer Gewalttaten die wichtigsten in der Weimarer Verfassung garantierten Grundrechte außer Kraft und schuf somit eine rechtliche Handhabe gegen politische Gegner.[2] Zu diesem Zeitpunkt verließen nicht nur Kommunisten das Land, sondern auch andere aktive Mitglieder und Funktionäre verschiedener Parteien und Gewerkschaften.[3]

Der bewaffnete Februaraufstand 1934 gegen die Regierung Dollfuß in Österreich führte nach seiner Niederschlagung zu einem Emigrationsschub aktiver Schutzbundkämpfer[4], sympathisierender Intellektueller und SPÖ-

---

[2] In diese Reihe gehört ebenfalls die am 21. März 1933 erlassene „Verordnung des Reichspräsidenten zur Abwehr heimtückischer Angriffe gegen die Regierung der nationalen Erhebung", die Kritik an der NS-Regierung oder der NSDAP unter Strafe stellte. Vgl. Möller S.10.

[3] Lacina S.40f.

[4] Der republikanische Schutzbund war die paramilitärische Organisation der SPÖ. Sie war am 31. März 1933 verboten und aufgelöst worden, bestand aber inoffiziell weiter.

Führer. Die Zahl der Schutzbund-Emigranten belief sich auf etwa 1500 Personen, die hauptsächlich in der UdSSR Aufnahme fanden.[5]

Der Röhm-Putsch am 30. Juni 1934 verursachte die Ausschaltung potentieller Rivalen und Gegner Hitlers in den Reihen der NSDAP und zwang hauptsächlich ehemalige Mitkämpfer des Reichskanzlers in die Emigration.

1.2. Emigration aus rassischen Gründen

Diese unterschied sich von der primär politisch bedingten Emigration dadurch, dass sie häufig einer endgültigen Auswanderung in eine neue Heimat gleichkam. Auch hier fachten verschiedene Ereignisse und gesetzliche Maßnahmen gegen die jüdische Bevölkerung die Schübe immer wieder an.

Hatte es auch schon vor der Machtergreifung immer wieder Überfälle auf Deutsche jüdischen Glaubens, wie auch auf politische Gegner gegeben, so bildete der 1. April 1933 einen ersten Höhepunkt. Er war der erste für das ganze Reichsgebiet organisierte Boykotttag, der seine Schatten schon vorher durch Hetze in Zeitungen und Rundfunk vorauswarf. Er richtete sich gegen jüdische Geschäftsinhaber, Professoren, Lehrer, Anwälte, Ärzte, etc. und veranlasste Betroffene entweder panikartig zu fliehen oder mit den Planungen für die Auswanderung zu beginnen.

Die Entscheidungen hierfür beschleunigte das „Gesetz zur Wiederherstellung des Berufsbeamtentums" vom 7. April 1933, das die Entlassung von Juden und politisch unzuverlässigen Personen aus dem öffentlichen Dienst legitimierte sowie die Entlassung von so genannten Parteibuchbeamten, die angeblich nicht die vorgeschriebene Vorbildung oder Eignung besaßen. Dies richtete sich vornehmlich gegen die Mitglieder anderer Parteien. Ein weiterer Schritt waren die am 15. September 1935 anlässlich des Reichsparteitages erlassenen „Nürnberger Gesetze" (Reichsflaggengesetz, Reichsbürgergesetz, Gesetz zum Schutz deutschen Blutes und deutscher Ehre).

---

[5] Die meisten Schutzbündler gingen zunächst in die Tschechoslowakei. Wie viele letztendlich eine Einreisegenehmigung für die Sowjetunion erhielten, läßt sich nicht genau bestimmen. Schafranek spricht von 800 Schutzbündlern plus Familienangehörigen (S.385), während Bulgakowa nur rund 300 Schutzbündler erwähnt, die 1934 ins Land kamen (S.220), ebenso wie Pike S.96.

Den Juden war von nun an u. a. das Hissen der Reichsflagge, die Ausübung ihrer politischen Rechte und die Bekleidung von Ehrenämtern, die Ehe oder Beziehung mit arischen Lebenspartnern sowie die Beschäftigung arischer Angestellter in jüdischen Haushalten untersagt. Die Deklassierung schritt immer weiter fort. Jede weitere gesetzlich verankerte Diskriminierungsmaßnahme löste weitere Emigrationen und Auswanderungen aus. Die Reichskristallnacht vom 9. auf den 10. November 1938 verursachte schließlich eine Massenflucht. Mit drastischen Maßnahmen, wie Verhaftungen, hohen finanziellen Forderungen und Zwangsarisierungen von Geschäften sollten die Juden endgültig aus dem deutschen Wirtschaftsleben gedrängt werden.

2. Die UdSSR als Asylland

2.1. Asylbedingungen

Wegen ihres politischen Systems kam die Sowjetunion als Zuflucht von vornherein nur für einen bestimmten Personenkreis in Betracht. Hierbei handelte es sich um Kommunisten und mit dieser Weltanschauung sympathisierende Flüchtlinge. Obwohl die Sowjetunion das Zielland vieler geflüchteter Kommunisten war, konnte die meisten nicht auf direktem Wege in das „Vaterland aller Werktätigen" reisen, sondern mussten zunächst in die Deutschland umgebenden Nachbarländer ausweichen. Dies war notwendig, weil die sowjetischen Behörden für die Einreise eine ganz bestimmte Vorgehensweise vorschrieben.[6]

Das Asylrecht wurde bereits in Artikel 21 der Verfassung der Russischen Sozialistischen Föderativen Räterepublik von 1918 festgeschrieben:

> „Die RSFSR gewährt allen Ausländern, die wegen politischer oder religiöser Verbrechen verfolgt werden, das Asylrecht."[7]

Diese Verfassung diente als Modell für alle anderen Sowjetrepubliken. Der Artikel wurde in der sowjetischen Verfassung von 1936 neutraler und breiter gefasst. Die religiöse Komponente verschwand. Es heißt in Artikel 129:

> „Die UdSSR gewährt Bürgern auswärtiger Staaten, die wegen Verfechtung der Interessen der Werktätigen oder wegen wissenschaftlicher Betätigung oder wegen nationalen Befreiungskampfes verfolgt werden, das Asylrecht."[8]

Dieses Asylrecht wurde sehr restriktiv gehandhabt. Zur Einreise war ein Visum nötig, das man aber nur bekam, wenn man eine Einladung einer sowjetischen Staats-, Partei- oder Kulturorganisation vorlegen konnte. Eine solche Einladung hing im Allgemeinen davon ab, wie nützlich der Betreffende dem sowjetischen System erschien. Für die Emigration aus Deutschland war außerdem die Einwilligung des ZK der KPD vonnöten.

---

[6]   Siehe Pike, S.84ff, der die Odyssee von Literaten und Künstlern durch verschiedene europäische Länder beschreibt, bevor sie in die Sowjetunion einreisen durften.

[7]   Zitat aus: Maurach S.382, siehe auch Elijaschoff S.76.

[8]   Zitat aus: Maurach S.381, siehe hierzu auch Pulte/Reinartz S.101.

All das hatte zur Folge, dass fast ausnahmslos kommunistische Parteimitglieder aufgenommen wurden, insbesondere Funktionäre, aber auch kommunistische Künstler und Schriftsteller.[9] Diejenigen, denen Asyl gewährt
wurde, stellten daher eine politisch homogene Gruppe dar, deren Zuverlässigkeit durch ihre ideologische Ausrichtung sichergestellt wurde. Diese
sehr genaue Selektion bedeutete auch, dass von den deutschen Kommunisten nur ein kleiner Teil in der UdSSR Aufnahme fand. Die Mehrzahl
verbrachte ihre Exilzeit in anderen Ländern.

1936 beschlagnahmten Schweizer Behörden ein Rundschreiben der Internationalen Roten Hilfe (IRH)[10], aus dem hervorgeht, dass es eine Richtlinie
der sowjetischen Außenpolitik war, Flüchtlinge in den kapitalistischen
Ländern unterbringen zu lassen. Die Sowjetunion sollte erst die allerletzte
Möglichkeit der Asylgewährung darstellen.[11] Diese Richtlinie scheint für
alle nichtkommunistischen Flüchtlinge, die für die Sowjetunion ein ideolo-
gisches Sicherheitsrisiko darstellten, aber auch für ausländische Kommunisten ohne besondere Parteifunktionen gegolten zu haben, die man in kapitalistischen Ländern für den revolutionären Kampf nutzen wollte. Vermutlich war die restriktive Asylpolitik der UdSSR auch Ausdruck der
Angst vor den materiellen Belastungen einer massenhaften Aufnahme von
Flüchtlingen.

Offiziell ließ die Internationale Rote Hilfe 1936 dagegen verlauten:

> „Mit großer Genugtuung muß schließlich die Bedeutung und die Leistungen der
> Sowjetunion für die Gewährung des vollen Asylrechts hervorgehoben werden.
> Die Sowjetunion, in deren Verfassung das Asylrecht ausdrücklich verankert wur-
> de, ist das einzige Land, das nicht nur allen verfolgten Freiheitskämpfern Asyl

---

[9] Für das literarische Asyl lassen sich nur Theodor Plivier und Adam Scharrer als
parteilose Schriftsteller in der Sowjetunion nennen, vgl. Fritz-Ullmer S.304 und
Walter (1972) S.141.

[10] Sie war die Dachorganisation von etwa 70 Internationale-Rote-Hilfe-Organisatio-
nen in verschiedenen Ländern. Die Sektion in der UdSSR hieß *Internationale Organisation zur Unterstützung der Kämpfer der Revolution*, russisch MOPR. Sie
diente den Emigranten als erste Anlaufstelle, organisierte Geld, Kleider und Unter-
kunft, half bei der Arbeitsbeschaffung und gab Hilfestellungen jeder Art. Vgl.
Walter (1972), S.349. Man mußte als Emigrant aber auch vor ihrer zentralen Legitimationskommission erscheinen und seine Emigrationsgründe prüfen lassen.

[11] Walter (1972) S.133.

und Arbeit gibt, sondern auch die vollen politischen Rechte als gleichberechtigte Sowjetbürger gewährt."[12]

Rassische Emigration verfolgter Juden in die Sowjetunion hat es in größerem Umfang nicht gegeben. Juden sah man als Wirtschaftsflüchtlinge, nicht als Politemigranten und daher fühlte man sich auch nicht für sie verantwortlich. Zwar durften vor 1933 Juden in das autonome jüdische Gebiet Birobidžan im fernen Osten einwandern, doch wurde für solche Siedler im Herbst 1932 ein Einwanderungsstopp verhängt, der erst 1936 wieder aufgehoben wurde. Es muss auch eine Gruppe von etwa 60 deutschen Ärzten jüdischen Glaubens erwähnt werden, die in den 30er Jahren durch Vermittlung der Hilfsorganisation Agrojoint in der UdSSR Aufnahme fanden.[13] Vereinzelt wurden auch andere jüdische Spezialisten aufgenommen, um von ihrer Arbeit und ihrem Wissen zu profitieren. Doch das Hauptinteresse der UdSSR galt den Kommunisten. Wenn diese jüdischen Glaubens waren, spielte dies eine untergeordnete Rolle.

Auch eine nicht durch die Partei gelenkte Emigration oder gar illegale Einreise existierte kaum, denn diejenigen, die ohne Zustimmung der Partei emigrierten und als Grenzüberläufer oder über die Organisation Intourist ins Land kamen, bekamen von der zentralen Legitimationskommission der MOPR selten eine Legitimationsbestätigung als Politemigranten und somit auch keine Aufenthaltsgenehmigung. Die MOPR richtete sich hierbei nach einem Beschluss ihrer Dachorganisation IRH von 1924, in dem es hieß:

> „Als politische Emigration ist die Emigration eines Revolutionärs nur dann zu bezeichnen, wenn die direkte Verfolgung wegen revolutionärer Tätigkeit durch die bourgeoise Regierung des Landes ihm die Möglichkeit zur Fortsetzung dieser revolutionären Tätigkeit nimmt und es ihm unmöglich macht, in dieser Lage im Lande zu bleiben (Gefahr der Todesstrafe, langjährige Haft usw.)"[14]

Diese Vorschrift machte es vor allem vor, aber auch noch nach dem Machtantritt der Nationalsozialisten für viele schwierig, die Anforderungen zu erfüllen. In der KPD-Führung herrschte zudem die Auffassung, jeder, der ohne Genehmigung der Partei aus Deutschland flüchte, sei ein Deser-

---

[12]   Zitat aus: Weber, S.17f.

[13]   Tischler S.60ff und S.70.

[14]   Zitat aus: Dehl, S.48, der hier eine Akte aus dem *Russischen Zentrum zur Aufbewahrung und Erforschung der Dokumente der neuesten Zeit* zitiert.

teur.[15] Die Parteiinstanzen hatten in Bezug auf die Legitimationsbestätigung das letzte Wort und es wurden diejenigen bevorzugt, die der KPD-
Führung persönlich bekannt waren.[16]

Angaben über die genaue Zahl der in der Sowjetunion Aufgenommenen
lassen sich kaum finden. Nach Schätzung der deutschen Vertretung beim
Exekutivkomitee der Kommunistischen Internationale (EKKI) betrug sie
1936 ungefähr 4600 Personen.[17] Emigranten selbst sprachen von viel mehr
aufgenommenen Deutschen. Dies geschah vermutlich aus idealisierenden
und propagandistischen Gründen. So zählte der deutsche Schriftsteller
Wieland Herzfelde beispielsweise Zehn-, wenn nicht Hunderttausende
Flüchtlinge in der Sowjetunion.[18]

Obwohl sich keine genauen Angaben machen lassen, scheint es oft so gewesen zu sein, dass die Reisepässe der Emigranten nach der Einreise eingezogen und erst vor einer Ausreise wieder ausgehändigt wurden. Ausreisen durfte man ausschließlich mit offizieller Genehmigung und diese wurde nur erteilt, wenn man im Parteiauftrag unterwegs war, eine Empfehlung
der Komintern vorlegen konnte oder ausgewiesen wurde.[19]

Sobald man im Land war, musste man sich um eine Aufenthaltsgenehmi-
gung bemühen, die nach Prüfung aller angegebenen Gründe gesondert
erteilt wurde. Sie wurde in Form einer „Aufenthaltsgenehmigung ohne
Staatsangehörigkeit" gewährt und musste regelmäßig verlängert werden.
Die Wartezeit bis zur Verlängerung wurde auch als psychologisches
Druckmittel benutzt.[20] Wurde die Verlängerung verweigert, musste die
Sowjetunion innerhalb weniger Wochen oder auch nur Tage verlassen

---

[15] Tischler S18f.

[16] Dehl, S.49.

[17] Schafranek S.384. Stephan zitiert auf S.67 dagegen Kurt Grossmann, der weniger
großzügig schreibt, dass Ende 1935 von 6000-8000 kommunistischen Exilanten
(bei insgesamt 65.000 Flüchtlingen) nur etwa 500 in der Sowjetunion Zuflucht gefunden hatten. Laut Möller S.48 gingen von 1933-1945 etwa 6000 Flüchtlinge in
die UdSSR.

[18] Grossmann S.106.

[19] Walter (1972) S.139f, Müller (1993) S.137, Pike S.97.

[20] Walter ebd.

werden. Bis 1934 konnte sich jeder Emigrant aus freien Stücken für die sowjetische Staatsangehörigkeit entscheiden. Ende 1934 wurde dieser Schritt zur Voraussetzung für die Anerkennung als Politemigrant gemacht und ab 1935 wurde Druck auf alle diejenigen ausgeübt, die sich noch nicht dazu entschlossen hatten.[21] Laut Pike wurde man vor die Wahl gestellt, entweder die sowjetische Staatsbürgerschaft zu beantragen oder das Land zu verlassen.[22] Dies geschah auch, wenn der Pass ablief oder der Betreffende von den Deutschen ausgebürgert wurde.

2.2. Lebens- und Arbeitsbedingungen

Denjenigen, die in der Sowjetunion aufgenommen wurden, stand eine Vielzahl von Beschäftigungsmöglichkeiten offen. Waren deutsche Flüchtlinge in westlichen Ländern oft mit Arbeitsverbot belegt oder konnten aufgrund der Wirtschaftslage in ihren Gastländern keine Arbeit finden, so war das sowjetische System daran interessiert, möglichst alle Emigranten zum Wohle der Partei und im Kampf gegen den Faschismus zu beschäftigen. Sie kamen fast ausnahmslos im Partei- oder Kulturapparat unter. Durch die deutschsprachige Minderheit in der Sowjetunion und die rund 18.000 zumeist deutschen Facharbeiter, Ingenieure und technisch-wissenschaftlichen Spezialisten[23], die vor 1933 ins Land gerufen worden waren, um beim industriellen Aufbau der Sowjetunion zu helfen, existierte bereits eine deutschsprachige Infrastruktur. Es bestand u. a. die Möglichkeit als Parteikader für die Komintern oder die Exil-KP zu arbeiten, als Lehrer an deutschen Schulen, als Lektor oder Übersetzer bei der Verlagsgenossenschaft ausländischer Arbeiter in der UdSSR (VEGAAR 1931-1938) oder anderen

---

[21]   Dehl, S.49. Helmut Damerius schreibt in seinen Erinnerungen, daß 1935 von der deutschen Vertretung der Komintern an alle Parteigenossen die Empfehlung ausgesprochen wurde, die sowjetische Staatsbürgerschaft anzunehmen. Allen, die dieser Empfehlung nicht nachkamen, wurde 1938 empfohlen, die UdSSR zu verlassen, vgl. S.317.

[22]   Pike S.93ff.

[23]   Unter ihnen waren viele Kommunisten, die nach 1933 nicht mehr nach Deutschland zurückkehren wollten, vgl. Pike S.83. Auch Politiker, Literaten und Künstler arbeiteten schon vor 1933 in der UdSSR.

Verlagen, die deutsche Bücher herausbrachten[24] oder als Mitarbeiter deutschsprachiger Zeitungen.[25] Emigranten arbeiteten in deutschen Abteilungen von Bibliotheken und Instituten. Bühnenkünstlern standen in der UdSSR vier deutschsprachige Theater offen.[26] Deutsche Schauspieler waren als Sprecher für den Moskauer Rundfunk gefragt, der u. a. in Deutsch sendete. Auch in der sowjetischen Filmindustrie arbeiteten Emigranten mit, vor allem für die Produktionsgesellschaft Mežrabpomfil'm, die zu Willi Münzenbergs weit verzweigter Organisation Internationale Arbeiter Hilfe (IAH)[27] gehörte. Allerdings gelang nur Heinrich Greif und Hans Klering als Schauspielern und Herbert Rappaport als Regisseur eine längerfristige, bzw. dauerhafte Karriere beim sowjetischen Film. Die meisten anderen kehrten wieder zum deutschsprachigen Theater oder zum Rundfunk zurück. Dies mag u. a. daran gelegen haben, dass die Deutschen aufgrund fehlender Russischkenntnisse oder des starken Akzentes nur als begrenzt einsetzbar angesehen wurden.

---

[24]   Eine Liste sowjetischer Verlage, die Bücher in deutscher Sprache verlegten, findet sich bei Jarmatz (1986) S.264. Er schreibt, daß zwischen 1933 und 1945 281 Werke deutscher emigrierter Schriftsteller erschienen seien, die eine Mindestauflage von über 2 Millionen Exemplaren erreichten, die Übersetzungen nicht mitgerechnet. Laut Tischler, S.46f, gab es in den dreißiger Jahren jedoch weit weniger Verlage, die deutschsprachige Bücher herausbrachten.

[25]   Diese waren z. T. schon in den 20er Jahren gegründet worden (z.B. *Deutsche Zentralzeitung, Internationale Literatur*). Allein die 1936 gegründete Zeitschrift *Das Wort* kann als ausschließlich von Emigranten gestaltet bezeichnet werden, vgl. Schafranek S.387. Außerdem gab es unzählige Zeitungen, Zeitschriften u.ä. politischer und kultureller Institutionen, wie der Komintern, der Internationalen Arbeiter Hilfe (IAH), der IRH, des Internationalen Revolutionären Theaterbundes (IRTB), etc. sowie die Publikationsorgane der sowjetdeutschen Minderheit, vgl. Jarmatz (1989) S.168.

[26]   Es existierten bereits das Deutsche Staatstheater in Engels, der Hauptstadt der Republik der Wolgadeutschen, das Deutsche Kollektivistentheater in Odessa und das Deutsche Gebietstheater in Dnepropetrovsk. 1933 wurde außerdem das Deutsche Theater Kolonne Links in Moskau gegründet.

[27]   Die 1921 von dem Kommunisten Münzenberg gegründete IAH hatte als Hungerhilfe für notleidende Sowjetbürger begonnen und sich zu einem Medienkonzern zur Propagierung kommunistischer Ideen entwickelt. In Deutschland verfügte sie u.a. über die als Filmverleih für sowjetische Filme dienende Filmgesellschaft Prometheus.

Materiell waren die Emigranten meist besser gestellt als die russische Durchschnittsbevölkerung, da ihre Löhne höher waren.[28] Bis 1935 existierte ein System der speziellen Ausländerversorgung. Diese konnten die ihnen zustehenden Lebensmittelrationen, aber auch Möbel, Kleidung etc. in ihnen vorbehaltenen, so genannten Insnab-Läden[29] einkaufen, die ein breiteres Warenangebot hatten als normale Läden. Die Bezahlung erfolgte in Rubeln. Zur Devisenbeschaffung hatte die sowjetische Regierung 1930 so genannte Torgsin-Geschäfte (Vsesojuznoe ob'edinenie po **torg**ovle **s in**ostrancami) geschaffen, in denen sowohl Ausländer als auch Sowjetbürger Lebensmittel, Kleidung, Haushaltsgeräte, Sport- und Luxusartikel für Devisen oder Goldrubel kaufen konnten. Später wurden über Torgsin auch Erholungsreisen, Datschen, Wohnungen und Konzert- und Theaterkarten vertrieben. Der Umsatz dieser Läden war enorm und 1933 stieg die Zahl der Torgsin-Läden von 402 auf 1526. Dieses System wurde Anfang 1936 abgeschafft, weil ab Januar 1936 im Land ausschließlich nur noch die Rubelwährung galt.[30]

Mit ihren Verdiensten konnten Emigranten auf den Märkten auch die teuer von Bauern angebotenen landwirtschaftlichen Erzeugnisse erstehen.

Die Deutschen waren allerdings, ebenso wie die russische Bevölkerung, dem allgemein sehr niedrigen Lebensstandard und der Wohnungsknappheit ausgesetzt. Diese wird dokumentiert durch einen Brief des Theaterregisseurs Gustav von Wangenheim vom 11. März 1936, in dem er die Adressatin des Briefes bittet, seinem Vater, dem bekannten deutschen Schauspieler Eduard von Winterstein Folgendes auszurichten:

> „mach ihm deutlich klar, dass, wenn er künstlerisch oder menschlich nicht mehr weiter kann, er jederzeit mitsamt Mutter hier herrüber kann, und dass ihm ein grosser künstlerischer Wirkungskreis als Schauspieler und als Regisseur hier offen steht. Er würde mehr verdienen, als er braucht und keinerlei Sorgen haben. Es

---

[28] Dies hing natürlich auch von der Prominenz des Emigranten ab. Viele arbeiteten an verschiedenen Stellen gleichzeitig und schufen sich so Nebeneinkünfte.

[29] Siehe Inge von Wangenheim, S.123ff und 128, die hier von Insnab-Läden (**in**ostrannoe **snab**ženie-ausländische Versorgung) als dem Verteiler der Ausländer spricht.

[30] Tischler S.87.

gibt nur ein Problem: die Wohnungsfrage. Und das ist natürlich ernst. Hier lebt man eben vorläufig im Hotelzimmer.[31]

Die meisten Emigranten durften in Moskau wohnen. Die erste Adresse für deutsche KPD-Funktionäre war das Hotel Lux. Außerdem gab es noch andere Emigrantenhotels, beispielsweise das Balčuk sowie verschiedene Politemigrantenheime. Generell hatte jede politische oder kulturelle Institution eigene Gebäude für die Unterbringung ihrer ausländischen Mitarbeiter. Andere wurden außerhalb der Hauptstadt, zum Teil in den Industriestädten Westsibiriens, angesiedelt.[32] Dies galt vor allem für deutsche Arbeiter in sowjetischen Industriebetrieben. Das Leben außerhalb der Zentren war mit größeren Schwierigkeiten verbunden, was sowohl die Lebensmittel- und ärztliche Versorgung als auch die Arbeits- und Wohnverhältnisse betraf.

2.3. Die Stalinistischen Säuberungen

Die Vorteile, die die Deutschen zu Anfang genossen, wurden durch das gespannte innenpolitische Klima und die sich dadurch ergebende Gefahr seit dem Mord an dem Leningrader Parteivorsitzenden Kirov 1934 aufgewogen. Stalin nutzte den Mord, den er vermutlich selbst angeordnet hatte, als Vorwand, um vermeintliche Gegner bzw. Kritiker vor allem innerhalb der Partei auszuschalten. Es wurde zu erhöhter Wachsamkeit gegenüber ehemaligen Anhängern oppositioneller Gruppierungen aufgerufen, da diese die Ermordung Kirovs organisiert hätten. Im Mai 1935 wurden die Republiks- und lokalen Parteiorganisationen vom ZK der KPdSU angewiesen, die Dokumente aller Parteimitglieder zu überprüfen und betrügerische Elemente auszuschließen. So begann die erste Säuberungswelle.[33] Der beginnende Terror weitete sich immer mehr aus und erfasste auch die Ausländer, d.h. Mitglieder anderer kommunistischer Parteien, die in der UdSSR Zuflucht gesucht hatten. Hierzu gehörten Jugoslawen, Rumänen, Italiener, Bulgaren, Schweizer, Spanier, Ungarn, Österreicher, Griechen,

---

[31] Zitat aus: Stiftung Archiv der Akademie der Künste (Kurzform SAdK), Berlin, Alexander-Granach-Archiv, Signatur 27, Brief Wangenheims an Lotte Lieven-Stiefel vom 11. März 1936.

[32] Schafranek S.385.

[33] Dehl S.54.

Iren, Polen, Balten, Inder und natürlich Deutsche. Sie waren gefährdet, wenn sie sich zu irgendeiner Zeit diversen Strömungen oder Oppositionen innerhalb ihrer kommunistischen Partei angeschlossen hatten oder gar mit dem Trotzkismus sympathisierten. Besonders tragisch ist es, dass erste Meldungen über Feinde in der KPD häufig von deutschen Genossen an die zuständigen Organe herangetragen wurden. Diese Zuträger kämpften ebenso wie die sowjetischen Funktionäre für die „Reinheit der Reihen" in der KPD.

Als der Terror der Stalinistischen Säuberungen 1936 voll einsetzte, wurde nur noch selten Asyl gewährt, da die Aufnahmeprozedur weiter verschärft wurde.[34]

Auch der ausländischen Vertragsarbeiter begann man sich zu entledigen. Viele mussten ab 1935 das Land verlassen, weil ihre Aufenthaltsgenehmigungen nicht mehr verlängert oder sie ausgewiesen wurden. Man ersetzte sie durch russischen Nachwuchs. Bis 1939 hatten 12.000 der ursprünglich 18.000 ausländischen Spezialisten die Sowjetunion wieder verlassen müssen.[35]

Eine massenhafte hysterische Suche nach Volksfeinden, Faschisten und Spionen begann. Massive Verhaftungen unter den deutschen Emigranten setzten 1936 ein, obwohl es auch schon vorher einzelne Festnahmen gegeben hatte.[36] Seit dem 25. Juli 1937 existierte der NKWD-Befehl Nr. 00439[37], der ursprünglich nur die Verhaftung von Deutschen, die in der Rüstungsindustrie arbeiteten, vorsah, aber dann gegen alle Deutschen aufgrund ihrer Nationalität angewendet wurde. Dazu gehörten sowohl deutsche Politemigranten mit deutscher oder auch russischer Staatsangehörig-

---

[34] Pike S.90.

[35] Pike S.93f.

[36] Schon im ersten Moskauer Schauprozeß im August 1936 befanden sich 4 KPD-Funktionäre unter den 16 Angeklagten, siehe Weber (1989) S.27ff.

[37] Der Wortlaut des Befehls ist nachzulesen bei Müller (1998) S.165f. Ähnliche NKWD-Befehle wurden zur Verhaftung anderer nationaler Kontingente erlassen.

keit, als auch die Deutschen in der Wolgarepublik. Aufgrund dieses Befehls verhaftete der NKWD 1937/38 insgesamt ca. 70.000 Deutsche.[38]

Ausländer wurden aufgrund ihrer Herkunft entlassen und fanden keine Arbeit mehr. Die Stimmung im Land wurde derart hysterisch, dass man schon wegen seiner ausländischen Herkunft in den Verdacht geriet oder beschuldigt wurde, ein Feind des sowjetischen Volkes zu sein. Der Leitartikel des *Journal de Moscou* vom 12. April 1938 bezeichnete sogar alle Deutschen als Spione.[39] Da auch Zeitungen die Zensur durchliefen, kann man annehmen, dass diese Auffassung eine offizielle war.

Im sowjetischen Exil wurde ein Klima der Angst vorherrschend. Margarete Buber-Neumann beschreibt, wie es 1937 im Hotel Lux, der Wohnanlage der KPD-Funktionäre, zuging:

> „Schon in den ersten Tagen erhielten wir einen Begriff von der veränderten Atmosphäre in Moskau. Wir riefen unsere Bekannten und Freunde an, begrüßten sie und luden sie zu uns ein. Doch die meisten lehnten mit irgendeiner Ausrede ab, wünschten nicht uns zu sehen. (...) Zuerst glaubten wir, daß dieser Boykott nur uns betreffe, die wir ja zu den verfemten Oppositionellen gehörten. Doch bald merkten wir, daß auch die noch in Gnaden stehenden Funktionäre einander mieden.
>
> Das Hotel „Lux" konnte man nur mit einem „Propusk", einem Durchlaßschein betreten. Jeder Besucher wurde registriert. Dadurch hatte die sowjetische Staatspolizei, die GPU, damals schon NKWD genannt, eine vorzügliche Kontrolle, wer mit wem in Verbindung stand. Die Telephone in den einzelnen Zimmern des Hotels wurden ebenfalls überwacht. Immer wieder bemerkten wir ein knackende Geräusch, nachdem die Verbindung hergestellt war. Die Post unterlag selbstverständlich einer Kontrolle. Die Furcht vor Bespitzelung nahm solche Formen an, daß man sein Zimmer vom Fußboden bis zur Decke nach Abhöranlagen durchforschte und auf der Suche nach einem versteckten Mikrophon alle Steckkontakte und sogar die Lampen auseinanderschraubte.[40]

Schon die bloße, auch noch so flüchtige Bekanntschaft mit einem enttarnten Volksfeind konnte ein Verhaftungsgrund sein. Deutsche wurden bevorzugt als Gestapo-Spione oder Mitglieder von Nazivereinigungen verhaftet, aber auch als Trotzkisten oder Anhänger anderer verurteilter Oppositioneller wie Kamenev oder Sinovev, als Terroristen, Konterrevolutionäre

---

[38]   Müller (1998) S.123.

[39]   Müller (1998) ebd.

[40]   Zitat aus: Buber-Neumann S.19f.

oder Betreiber antisowjetischer bzw. faschistischer Propaganda. Wahrscheinlicher ist, dass diese Menschen einfach nur zur falschen Zeit am falschen Ort waren und Opfer einer vom NKWD festgelegten Quote für einen bestimmten Betrieb, eine Organisation, Institution oder ein Kollektiv wurden, da es überall einen bestimmten Prozentsatz von Schädlingen und Volksfeinden zu geben hatte.[41] Da sich die UdSSR gerade durch ihre selektive Asylpolitik auszeichnete und somit die meisten Deutschen Parteimitglieder waren, bzw. sein mussten, um aufgenommen zu werden, wurden sie auch zwangsläufig häufiger Opfer der Säuberungen, da diese verstärkt in den Reihen von Parteikadern und Funktionären durchgeführt wurden. Weber schreibt hierzu, dass die Stalinistischen Säuberungen für die deutschen Kommunisten ebenso katastrophal gewesen seien wie die nationalsozialistische Verfolgung, weil ihnen besonders in der Führungsebene der KPD fast ebenso viele Menschen zum Opfer fielen.[42]

Einmal in die Mühlen des NKWD geraten, war man samt seiner Familie der Willkür preisgegeben, da in der UdSSR die Sippenhaft praktiziert wurde. In den §58 des Strafgesetzbuches der RSFSR, nach dem Verhaftete aufgrund konterrevolutionärer Verbrechen verurteilt wurden, war 1927 Punkt 12 aufgenommen worden. Dieser stellte das Nichtdenunzieren unter Strafe. Dies war häufig die Handhabe für die Verhaftung von Verwandten beschuldigter oder verurteilter Volksfeinde.[43] In den dreißiger Jahren war die Bezeichnung für diese Häftlinge: *sozial gefährliches Element (durch Herkunft).*[44] Auch vor der Verschleppung von Kindern wurde nicht Halt gemacht, die entweder selber ins Lager kamen oder ihren Eltern bei deren Verhaftung als Kleinkinder weggenommen wurden und in Heimen oder bei Pflegefamilien aufwuchsen.

---

[41] Pike S.446, Schafranek S.390 und Weber S.12.

[42] Weber (1989) S.19ff.

[43] Scherbakowa, S.174.

[44] Wolkogonow S.214. Ein Beispiel für einen solchen Verurteilungsgrund ist Margarete Buber-Neumann, die als Lebensgefährtin des KPD-Funktionärs Heinz Neumann (verhaftet 1937) im Juni 1938 verhaftet und zu 5 Jahren Arbeitsbesserungslager verurteilt worden war, vgl. Buber-Neumann S.65.

Auch nicht verhaftete Familienmitglieder verloren oft ihren Arbeitsplatz, ihre Wohnung und bekamen keinerlei Unterstützung mehr. Viele hungerten, weil man ihnen die Essensmarken entzog. Sie wurden, wie auch die Verurteilten, aus der Partei ausgeschlossen und Kinder der Schule oder Universität verwiesen.[45] Mehrere Frauen von Verhafteten begingen aufgrund ihrer aussichtslosen Lage Selbstmord, bekamen Depressionen oder andere massive psychische Probleme.[46]

Für die Überprüfung der Belegschaften von Organisationen wurden spezielle Kommissionen gebildet. So kam es, dass ganze Zeitungsredaktionen in der Zeit zwischen Sommer 1936 und 1939 ausgeschaltet wurden, wie beispielsweise die der *Deutschen Zentralzeitung*.[47] Das letzte Heft der literarischen Monatsschrift *Das Wort* erschien im März 1939. Die Verlagsgenossenschaft ausländischer Arbeiter in der UdSSR (VEGAAR) wurde 1938 aufgelöst, nachdem fast alle Mitarbeiter verhaftet worden waren.[48] Deutsche Schulen, Klubs und andere Einrichtungen mussten schließen.[49]

Besonders gefährdet waren auch deutsche Kommunisten, die in deutschen Konzentrationslagern gesessen hatten und deshalb in der UdSSR als angeworbene Gestapo-Agenten verdächtigt wurden.

Schätzungen zufolge fielen den Säuberungen ungefähr 70 % der deutschen Emigranten zum Opfer[50], doch genaue Zahlen, wie viele Deutsche verhaftet wurden, wie viele davon starben, die Lager überlebten und freikamen oder an die Nationalsozialisten ausgeliefert wurden, existieren bislang nicht.[51]

---

[45] Pike S.441 und 443.

[46] Müller (1998) S.128.

[47] Walter (1984) S.226 oder Pike S.443f.

[48] Vgl. hierzu die Aussage der VEGAAR-Redakteurin Vali Adler, die einer Bekannten gegenüber Anfang 1937 im Gefängnis äußerte: „Ich habe aber auch durch Zufall erfahren, daß sich sämtliche Angestellte unseres Verlages in den Händen des NKWD befinden", aus: Becker S.257.

[49] Pike S.433ff.

[50] Schafranek S.390.

[51] Weber beschreibt in „Weiße Flecken" die Schicksale von fast 350 KPD-Mitgliedern, über die er bis Ende der 80er Jahre Angaben in der verfügbaren Literatur fand. Die wahre Zahl dürfte weit höher liegen und wird wohl erst nach Erschließung der russischen Archive genauer bestimmt werden können.

Die wenigsten bekamen ein Gerichtsverfahren, sondern wurden von so genannten Dreierkommissionen[52] zu ihren Strafen verurteilt. Manche wurden auch ohne jeden Schuldspruch festgehalten oder stillschweigend erschossen. Angeklagte konnten sich oft weder verteidigen, noch fand irgendeine Beweisführung statt, um ihre angeblichen Verbrechen zu belegen.[53] Und selbst wenn es zu einer Verhandlung kam, waren die Angeklagten vorher bereits durch Folter und Drohungen zu absurden Geständnissen gezwungen worden, die sie im Prozess nur noch wiederholten.

Der Beginn des Spanischen Bürgerkriegs im Sommer 1936 löste eine Welle der Solidarität in der UdSSR aus. Nicht nur Sowjetbürger meldeten sich freiwillig für die internationalen Brigaden, sondern auch deutsche Emigranten. Für viele scheint es auch eine Möglichkeit gewesen sein, aus dem Land herauszukommen und einer Verhaftung zu entgehen. Es gibt Fälle, in denen bei den Familien nach Spanien abkommandierter Emigranten das NKWD auftauchte, um die Männer zu verhaften.[54]

Viele konnten sich ihre Bestrafung nicht erklären, waren aber von der Richtigkeit der Vorgänge überzeugt. Sie haben dem System völlig vertraut und begründeten ihr Schicksal mit unbewusstem Fehlverhalten.[55] Andere glaubten, sie seien Opfer eines Irrtums geworden, ein Feind sitze im NKWD und habe ihre Verhaftung betrieben und Genosse Stalin wisse nicht, was vor sich gehe. Das beweist die Flut an Eingaben, die auch von

---

Der deutsche Vertreter bei der Komintern Paul Jäkel meldete im April 1938, daß schon 842 deutsche Antifaschisten verhaftet worden seien und es sich dabei nur um diejenigen handele, die bei der deutschen Vertretung beim EKKI registriert wurden. Über 70 % der KPD-Mitglieder seien verhaftet worden. Wenn die Verhaftungen in dem Umfang wie im Monat März 1938 ihren Fortgang nähmen, so bliebe in drei Monaten kein einziges deutsches Parteimitglied übrig. Er schildert hier außerdem die Verzweiflung zurückgebliebener Angehöriger, siehe Müller (1993) S.150ff. Müller (1991) berichtet von einem seiner Forschungsprojekte, in dem er in einer Datei bislang die Namen von 2546 deutschen Repressierten (Politemigranten und Arbeiter) verzeichnet habe, S.17.

[52]   Nichtgerichtliche Instanzen z.B. bei der OGPU (Ob'edinenoe gosudarstvennoe političeskoe upravlenie), dem NKWD (Narodnyj komitet vnutrennych del) oder der Staatsanwaltschaft.

[53]   Siehe z.B. Buber-Neumann S.61ff.

[54]   Tischler S.117.

[55]   Interview mit Lotte Loebinger, in: *Am Ende eines Traums*, ZDF 1995.

deutschen Gefangenen an Stalin oder andere Vertreter der Regierung gerichtet wurden und in denen man seinen Fall schilderte und um nochmalige Überprüfung bat.[56]

2.3.1. Denunziation und Selbstkritik

Laut Scherbakowa[57] war die Denunziation in der russischen Geschichte eine weit verbreitete Gewohnheit. Sie verweist dabei auf historische Chroniken. Schon im 17. Jahrhundert war das Nichtdenunzieren eines Fehlverhaltens eine Gesetzesverletzung. Durch die zaristische Ochrana und dann durch die Bolševiki wurden Netze von Geheimagenten aufgebaut, den so genannten geheimen Mitarbeitern (sekretnye sotrudniki oder seksoty). 1927 nahmen die Sowjets, wie auf Seite 31 bereits erwähnt, unter Punkt 12 das Nichtdenunzieren als Straftat in den §58 auf. Die Gründe, aus denen man sich zu Denunziationen bereitfand, waren unterschiedlich. Es wurde beispielsweise zum eigenen Vorteil denunziert, um in den Genuss von Vergünstigungen zu kommen.[58] Neid oder Rache waren weitere Denunziationsgründe. In der Zeit der stalinistischen Säuberungen wurde oft aus fehlgeleitetem Idealismus denunziert, aber das Hauptmotiv war die Angst, vermutlich gepaart mit der Hoffnung dadurch sich und seine Angehörigen zu schützen. Das Denunziantentum erreichte seinen Höhepunkt. Denunziation geriet zur Überlebensstrategie. Um nicht selbst beschuldigt zu werden, meldete man jeden eingebildeten oder tatsächlich wahrgenommenen verdächtigen Umstand. Auf diese Weise glaubte man seine Loyalität und Gesetzestreue unter Beweis stellen zu können. Hinzu kam, dass Denunzianten verherrlicht und als Vorbilder dargestellt wurden, wie im Falle des Jungen Pavlik Morozov, der seinen eigenen Vater als Komplizen der Kulaken denunzierte und dafür von erbosten Verwandten ermordet wurde. Schon Kindern wurde vermittelt, dass die Denunziation vermeintlicher Feinde Liebe und Ergebenheit gegenüber der Partei ausdrücke. Dies wurde höher ge-

---

[56]   Siehe die geschilderten Fälle in Müller (1997).

[57]   Siehe S.169ff.

[58]   Scherbakowa schildert, daß in Kommunalwohnungen denunziert wurde, um an das Zimmer des Nachbarn zu kommen und daß NKWD-Mitarbeiter in die Wohnungen von Repressierten einzogen, S.172f.

wertet als die Liebe zu den Eltern. Zuverlässig war nur der, der bereit war, Familie und Freunde zu verraten.

Auch die deutschen Emigranten wurden von diesem Strudel ergriffen. Etliche arbeiteten als „seksoty" und lieferten Informationen über die eigenen Landsleute. Denunziert wurde nicht nur anonym, sondern auch öffentlich, wie beispielsweise auf Versammlungen oder in Zeitungsartikeln.

Einheit und Geschlossenheit der Partei war das Kernstück der stalinistischen Parteitheorie. Seit den 20er Jahren wurde auf die Liquidierung innerparteilicher Opposition hingearbeitet. Daher wurden Überwachungs-, Disziplinierungs- und Ausschlussverfahren periodisch praktiziert. Ausländische Parteimitglieder hatten sich den Überwachungs-, Zensur- und Kontrollmechanismen der Komintern zu unterziehen.[59] Deren Kaderabteilung sammelte alle verfügbaren Daten über die Politemigranten.

Mündliche Befragungen, z.B. auf betrieblichen Parteiversammlungen, das Ausfüllen von Fragebögen und das regelmäßige Verfassen von Lebensläufen führten zur detailgetreuen Erfassung von persönlichen Biographien, Beziehungen zu anderen Emigranten und individuellen Parteigeschichten. Hierbei fühlte man sich zu absoluter Offenheit gegenüber der Partei verpflichtet. Daher fand auch die Selbstdenunziation oder so genannte Selbstkritik weite Verbreitung. Sie war ein ständig zu wiederholendes Unterwerfungsritual, durch das man sich vor der Partei reinigte. Schonungslos bezichtigte man sich jeder politischen Abweichung von der Parteilinie, jedes politischen Fehlers, jeder kritischen Haltung. Dem Gebot der proletarischen Wachsamkeit folgend, sollte jeder auch kritische Haltungen ihm Nahestehender aufdecken. All das wurde erwartet, um der Partei seine absolute Treue zu beweisen. Es lieferte aber den Behörden häufig freiwillige Geständnisse und belastendes Beweismaterial, das entweder zur Verhaftung führte oder später gegen einen Verhafteten verwendet wurde. Es führte außerdem zu gegenseitigem Misstrauen. Weil man nie wissen konnte, wie eine Freundschaft, ein Zusammentreffen oder ein Ereignis aus-

---

[59] 1936 wurden z.B. die Parteidokumente der Mitglieder der deutschen Sektion der Komintern (etwa 3000) auf Abweichungen und dunkle Flecken überprüft, siehe Müller (1998) S.124f.

gelegt werden würde, wurden persönliche Beziehungen auf ein notwendiges Minimum beschränkt, Kontakte abgebrochen und frühere Freundschaften verleugnet. Bei jeder Verhaftung eines Genossen, war es für seine Bekannten lebenswichtig über Nacht zu seinen schärfsten Anklägern zu werden und jede Beobachtung zu seiner Person als ein Indiz für seine Schuld auszulegen. Verhaftungen folgten oft Versammlungen von Kollegen, auf denen man in Selbstkritiken jede Art des Kontakts und der Beziehung zu dem Volksfeind offen legen musste, wenn man nicht wollte, dass es jemand anderes tat. Wenn sich eine Verbindung nicht leugnen ließ, bezichtigte man sich der mangelnden Wachsamkeit. Wenn man wenig mit dem Betreffenden zu tun gehabt hatte, wurde behauptet, man habe den Kontakt bewusst gemieden, da man von Anfang an gemerkt habe, dass der Betreffende ein schlechter und falscher Mensch gewesen sei.

Unter dem Druck von Verhören in der Untersuchungshaft brachen die meisten Verhafteten zusammen und nannten Dutzende weiterer Namen angeblicher Mittäter.

Die Grenze zwischen Denunzianten und Denunzierten, Schuldigen und Unschuldigen verschwamm, denn Denunziationen retteten niemanden davor, selbst Opfer zu werden.

2.4. Der deutsch-russische Nichtangriffspakt

Die Lage der Emigranten in der Sowjetunion bekam durch den Nichtangriffspakt zwischen Hitler und Stalin, geschlossen am 23. August 1939, eine neue Wendung. Aus den ehemaligen Feinden waren nun Partner geworden. Dem trugen die Sowjets Rechnung, indem sie den Antifaschismus, der vorher einer der Hauptpunkte sowjetischer Politik gewesen war, öffentlich nicht mehr erwähnten. Noch am Abend des 23. August verschwanden antifaschistische Filme aus den sowjetischen Kinos. Theaterstücke wurden abgesetzt. Exilromane wurden aus den Bibliotheken entfernt und die Exilpresse nicht selten durch Naziblätter ersetzt.[60] Der deutsche

---

[60]   Walter (1988) S.256ff und Stephan S.69.

Botschafter in Moskau Friedrich Werner Graf von der Schulenburg telegrafierte Anfang September 1939 an das Auswärtige Amt in Berlin:

> „Presse ist wie umgewandelt. Angriffe auf Haltung Deutschlands haben nicht nur völlig aufgehört, sondern auch Darstellung außenpolitischer Vorgänge fußt vorwiegend auf deutschen Nachrichtenquellen, aus Buchhandel wird antideutsche Literatur entfernt u. a."[61]

Am 8. Oktober 1939 hieß es sogar im Moskauer Rundfunk, dass, wer heute noch einen ideologischen Kampf gegen Hitler führe, ein Verbrechen verübe.[62] Es wurde alles vermieden, was auf die Anwesenheit deutscher Flüchtlinge in der UdSSR aufmerksam machen konnte. Alle, die sich bis dato mit antifaschistischer Propaganda beschäftigt hatten, sei es als Literaten, als Theater- oder Filmschaffende etc., waren fortan zum Schweigen verurteilt oder mussten ihre Arbeit an die neue Linie anpassen. Dieser Personenkreis begann auf unpolitische Themen auszuweichen. Autoren verlegten sich hauptsächlich auf Übersetzungen von Literatur aus den verschiedenen Sowjetrepubliken. Denjenigen Emigranten, die die deutsche Sprache unterrichteten, erschloss der Pakt wieder weitere Betätigungsfelder, da der Austausch von Kultur und Wissenschaft wieder belebt wurde und beispielsweise Facharbeiter, Ingenieure und Wissenschaftler wieder daran interessiert waren, Deutsch zu lernen. Allgemein herrschte in der deutschen Emigrantengemeinde aber Unverständnis und Verunsicherung.

Schon vor 1939 waren deutsche Staatsangehörige direkt aus sowjetischer Haft nach Deutschland abgeschoben worden. Nun gingen die sowjetischen Behörden dazu über, auch vorher nicht in Haft gewesene Deutsche direkt an die Gestapo auszuliefern. Viele wurden sofort in ein deutsches Konzentrationslager überstellt.[63] Aber es gab auch Deutsche, vor allem Frauen von Verhafteten, die mit Hilfe der deutschen Botschaft freiwillig nach Deutschland zurückkehrten. Dies wurde allerdings schnell seitens der Sowjets unterbunden, da man antisowjetische Propaganda, die sich aus den Erzählungen dieser Rückkehrer ableiten ließ, verhindern wollte.

---

[61]   Zitat aus: Tischler S.149.

[62]   Paul S.21.

[63]   Tischler S.125ff.

1940 wurden deutsche Politemigranten, die sich in Freiheit befanden, aber ohne Arbeit waren, zur Arbeitsbeschaffung aus den Großstädten ausgesiedelt. Nach Angaben der MOPR mussten im April 1940 285 Politemigranten samt Familien Moskau Richtung Sibirien verlassen. Im Juli betraf dasselbe 675 Familien unterschiedlicher Nationalitäten (Deutsche, Polen, Chinesen, Griechen, Koreaner u. a.) in Murmansk.[64]

Dieser Situation setzte erst der deutsche Überfall auf die Sowjetunion am 22. Juni 1941 ein Ende, der wiederum eine Wende verursachte.

2.5. Nach dem deutschen Überfall

Die antifaschistische Propaganda wurde sofort wieder aufgenommen und die vor dem Pakt gedrehten antifaschistischen Filme kamen wieder in die Kinos. Gleichzeitig begann man mit der „Evakuierung" der deutschen Emigranten und vor allem der Russlanddeutschen, die seit Generationen an der Wolga lebten. Eine Reihe von Erlassen regelte die Aussiedlung der Deutschen aus den sowjetischen Westgebieten.[65] Die Umstände, unter denen dies geschah, kamen Zwangsumsiedlungen bzw. Deportationen gleich und lassen den Schluss zu, dass diese Menschen als Sicherheitsrisiken betrachtet wurden. Ungefähr eine Million Einwohner deutscher Nationalität waren davon betroffen. Die meisten wurden nach Kasachstan und nach Sibirien gebracht.[66] Unter katastrophalen Verhältnissen waren die Evakuierten wochenlang in Zügen unterwegs. An ihren Bestimmungsorten im asiatischen Teil der Sowjetunion waren die Lebensverhältnisse oft ebenso katastrophal.[67] Diesen Umsiedlungen konnte man sich nur entziehen, wenn man eine Bestätigung seiner Arbeitsstätte beibringen konnte, die die Notwendigkeit eines Verbleibs am Ort nachwies. Viele deutsche Emigranten bekamen diese Bestätigung von der Komintern.

---

[64] Dehl S.61f.

[65] Tischler S.178ff.

[66] Tischler (Worpswede 1996) S.54.

[67] Walter (1988) S.264ff und Tischler S.183ff.

Die Evakuierung „schützenswerter Menschen"[68] aus der Gefahrenzone begann erst im Oktober 1941 und erfolgte nach Zugehörigkeit zu Institutionen. So wurde die deutsche Sektion des sowjetischen Schriftstellerverbandes über Kasan nach Taschkent gebracht und die Angehörigen des Moskauer Rundfunks, einschließlich der deutschen Sektion, nach Swerdlowsk im Ural. Auch für solche Normalevakuierten waren die Bedingungen schwer, doch durften sie später in den europäischen Teil Russlands zurückkehren. Viele der prominenten unbelasteten Deutschen arbeiteten während des Krieges in der Propagandamaschinerie der Sowjetunion.

Inner- und außerhalb der Lager waren viele Deutsche Misstrauen, Hass und Benachteiligungen seitens der einheimischen Bevölkerung ausgesetzt, die in ihnen nur die Angehörigen einer feindlichen Nation sahen. In den Lagern wurden die Deutschen oft in speziellen Baracken zusammengefasst und durften nicht mehr zu den privilegierten Arbeiten, z.B. in Krankenbaracken, Küche oder Verwaltung herangezogen werden. Endete während des Krieges die Haftzeit, wurden Deutsche nicht entlassen. Man teilte ihnen mit, dass sie bis zum Ende des Krieges im Lager verbleiben müssten oder initiierte einen neuen Prozess und verlängerte so noch einmal das Strafmaß. Dieses Schicksal traf beispielsweise den Mitbegründer und Leiter der Agitpropgruppe[69] „Kolonne Links" Helmut Damerius, der 1944, ein Jahr vor Ablauf seiner Frist von sieben Jahren, im Lager wegen konterrevolutionärer Agitation verhaftet wurde und den man, nachdem er ein Jahr im Karzer gesessen hatte, noch nach Kriegsende zu weiteren 5 Jahren Haft verurteilte. Deutsche Emigranten wurden, neben zahlreichen Russlanddeutschen, auch in die so genannte Arbeitsarmee (trudarmija) eingezogen, ebenso wie Angehörige anderer sich mit der UdSSR im Krieg befindender Nationen, wie z.B. Italiener und Finnen. Die Bedingungen in dieser Armee waren denen in sowjetischen Straflagern sehr ähnlich.[70]

---

[68] Wie Walter (1988) sie nennt, S.263.

[69] Dabei handelte es sich um nichtprofessionelle Schauspielgruppen, die Ende der zwanziger, Anfang der dreißiger Jahre in ihrer Freizeit, meist als fahrende Truppen, politisches Theater mit einfachsten Mitteln spielten und so kommunistische Agitationspropaganda betrieben.

[70] Tischler S.186ff.

Diejenigen deutschen Emigranten, die die Säuberungen, den Krieg oder die Lager überlebt hatten, kehrten ab 1945 nach Deutschland, d.h. größtenteils in den sowjetisch kontrollierten Sektor und die spätere DDR, zurück, um am sozialistischen Aufbau aktiv mitzuwirken. Verurteilte und Verbannte konnten oft erst in den 50er Jahren zurückkehren, weil viele nach ihrer Haftentlassung die Auflage erhielten, sich in bestimmten Gebieten anzusiedeln und häufig während der Terrorwelle, die die Sowjetunion in den Nachkriegsjahren erfasste, erneut verhaftet wurden. Erst Stalins Tod ermöglichte vielen die endgültige Entlassung. Dass der Großteil in die DDR ausreiste, mag daran gelegen haben, dass man sich der kommunistischen Idee nach wie vor verbunden fühlte, aber auch daran, dass man nur Aussicht auf die Genehmigung zur Ausreise hatte, wenn die Initiative von deutscher, d.h. der DDR-Seite ausging. Dies geschah durch Angehörige, frühere Freunde, Bekannte oder auch Parteifunktionäre, an die man sich um Unterstützung wandte oder die von sich aus Nachforschungen anstellten und zum größten Teil in der DDR lebten. Rückkehrern wurde untersagt, über ihre Erlebnisse zu sprechen oder zu schreiben. Die Säuberungen unter den deutschen Emigranten blieben bis in die 80er Jahre hinein in der DDR ein Tabuthema, über das keinerlei Diskussion stattfinden durfte. Derartige Erlebnisse wurden in offiziellen Biographien konsequent verschwiegen. Einige der Repressierten machten in der DDR sogar eine politische Karriere.

3. Deutsches Filmexil

Die Gesamtzahl deutscher Filmemigranten während der Zeit des Nationalsozialismus wird auf etwa 2000 beziffert. Unter ihnen befanden sich Vertreter aller Filmberufe.[71]

Horak bezeichnet die Emigration deutschsprachiger Filmkünstler als eine
überwiegend jüdische, in deren Mitte der Prozentsatz politischer Flüchtlinge relativ gering war.[72] Sämtliche Filmschaffenden wurden bereits sehr
früh durch die Politik des Propagandaministeriums in die Emigration ge-
trieben. Hierzu zählten Filmverbote und eine Genehmigungspflicht für
Filme unter jüdischer Beteiligung.

Am 14. Juli 1933 wurde die vorläufige Filmkammer eingerichtet, die die
deutsche Filmindustrie gleichschaltete und inoffiziell ein Berufsverbot für
Juden einführte, obwohl dies offiziell bestritten wurde.[73] Wer beim Film
arbeiten wollte, musste Mitglied dieser Filmkammer sein. Doch auch für
die Anhänger anderer politischer Überzeugungen innerhalb der deutschen
Filmindustrie, vor allem für Sozialdemokraten und Kommunisten, war die
Zuverlässigkeit, die für die Mitgliedschaft in der Reichsfilmkammer aus-
schlaggebend war, nach Ansicht der Nationalsozialisten nicht gegeben. Vor
die Wahl gestellt, einen anderen Beruf auszuüben, was für Juden zunehmend schwieriger wurde oder zu emigrieren, taten die meisten letzteres.

Die großen Filmzentren befanden sich, neben Deutschland, in Frankreich,
England und vor allem in den USA. Hollywood wurde besonders nach der
französischen Niederlage, als viele Emigranten gezwungen waren weiter-
zuwandern, zum zentralen Fluchtpunkt der deutschen Filmemigranten.

Unter den in die Sowjetunion einreisenden Emigranten bzw. denen, die
sich bei Hitlers Machtantritt bereits dort aufhielten, befanden sich kaum
bekannte Filmleute. Die meisten kamen vom proletarischen Theater oder

---

[71] Asper S.957.

[72] S.231.

[73] Horak S.234. Die vorläufige Filmkammer wurde später als Reichsfilmkammer Teil
der am 22. September 1933 eingerichteten Reichskulturkammer.

waren Mitglieder von Agitpropgruppen. Viele hatten noch keine Filmerfahrungen gemacht und taten erst in der UdSSR ihre ersten Schritte auf diesem
Gebiet.

3.1. Die sowjetische Filmindustrie

Im August 1919 wurde ein Dekret zur Verstaatlichung der Film- und Pho-
toindustrie erlassen. Der damalige Volkskommissar für Bildungswesen
Anatolij Lunačarskij war allerdings der Meinung, dass staatliche und nicht-
staatliche Filmproduktionen durch ihre Konkurrenz der Entwicklung des
Films zugute kommen könnten. Zwar war die freie Filmwirtschaft in den
Jahren des Kriegskommunismus[74] verboten, konnte sich aber während der
Periode der Neuen Ökonomischen Politik[75] frei entfalten, so dass den
Filmorganisationen ab 1922 eine relative wirtschaftliche Selbständigkeit
zuerkannt wurde. Zu dieser Zeit gab es verschiedene einflussreiche Filmorganisationen. Es entstand mit den Regisseuren Kulešov, Eisenstein,
Pudovkin u. a. eine russische Filmavantgarde, die mit dem Montagefilm
experimentierte. Ab 1926 wurden sowjetische Filme regelmäßig exportiert
und genossen bald internationales Ansehen.

Um den Verleih und den Import dieser Filme kümmerte sich in Deutschland u. a. die zur Internationalen Arbeiter Hilfe (IAH) gehörende und 1925
gegründete Filmgesellschaft Prometheus, die auch deutsche proletarische
Filme produzierte.[76] Der erste Verleihfilm wurde 1926 Eisensteins „Pan-

---

[74] Betrieben 1919-1921 – Im System des Kriegskommunismus versuchte der sowjetische Staat während des Bürgerkrieges sämtliche Produktions- und Distributions-
funktionen selbst zu übernehmen. Seine ökonomische Basis bildeten eine obligato-
rische Ablieferungspflicht und gegebenenfalls die Requirierung aller bäuerlichen
Erzeugnisse, um die Rote Armee und die städtische Bevölkerung versorgen zu
können. Dies bedeutete eine Übertragung militärischer Mittel und Methoden auf
die Volkswirtschaft.

[75] Novaja Ekonomičeskaja Politika (NEP) – Seit März 1921 betriebene Politik, die,
bis zu ihrer Abschaffung Ende der zwanziger Jahre, Privatwirtschaft, Bodenpacht
und Lohnarbeit wieder zuließ.

[76] Die IAH nutzte den Film als Propagandamittel für ihre Zwecke. Dies hatte damit
angefangen, daß man in Russland Dokumentarfilme drehte, die das Elend der Bevölkerung zeigten, um die Menschen in aller Welt zu Spenden für den jungen
Sowjetstaat zu bewegen.

zerkreuzer Potëmkin" (Bronenosec Potëmkin). Sie brachte in der Folge alle so genannten großen Russenfilme,[77] die für ihre Montagetechniken berühmt waren, nach Deutschland. Neben diesen historischen Revolutionsepen waren auch Filme über russische Geschichte, Alltagskomödien und Verfilmungen russischer Klassiker beliebt.

1929 war für die sowjetische Filmindustrie ein Jahr des Umbruchs. Die Filmproduktion sollte ideologisch und ästhetisch gänzlich kontrolliert werden. Der sowjetische Staat forderte die totale Zentralisierung und begann mit der Liquidierung der wirtschaftlich relativ selbständigen Filmorganisationen. Diese wurden der zentralen Verwaltung von Sojuzkino, dem Allunionskomitee der Film- und Photoindustrie unterstellt, das seinerseits dem Volkskommissariat für Leichtindustrie untergeordnet war. Von dieser Hauptverwaltung mussten nun alle Produktionspläne genehmigt werden.

30 % der Produktionsmittel mussten nun für Nichtspielfilme mit proletarisch-aufklärerischem Inhalt, so genannte Agitprop-Filme (**agit**acionno-**prop**agandistskie fil'my) verwendet werden. Diese Filme waren zwischen 1930 und 1932 dominierend.[78]

Die Ära des frühen Tonfilms begann in der Sowjetunion ungefähr 1930. Vom Erscheinen des ersten Tonfilms bis zum endgültigen Ende der Stummfilmzeit vergingen mehrere Jahre. Eine rasche Umstellung war aufgrund kostenintensiver Geräte, ausländischer Patentrechte und sowjetischer Importbeschränkungen nicht möglich. Besonders in der Provinz mangelte es lange an geeigneten Abspielgeräten. Aus diesem Grund wurden noch bis Anfang der 40er Jahre Stummfilmversionen von Tonfilmen hergestellt.

Mitte der dreißiger Jahre gab es in der UdSSR etwa 29.000 Kinos und Vorführsäle. Große Filmstudios befanden sich in Moskau, Leningrad, Kiew und Odessa.

---

[77] Z.B. „Mutter" (Mat'), „Das Ende von St. Petersburg" (Konec Sankt-Peterburga) und „Sturm über Asien" (Potomok Čingis-chana) von Pudovkin und „Oktober" (Oktjabr'), ebenfalls von Eisenstein.

[78] Hierbei handelte es sich um eine Mischung aus Dokumentarmaterial und Spielfilmfragmenten, die Losungen und Thesen aktueller staatlicher Aufgaben veranschaulichen sollten.

Infolge der Zentralisierung der Filmproduktion wurde auch die Zensur verstärkt. An ihrer Spitze stand Stalin. Entsprach der Film nicht dem von ihm festgesetzten Ideal, wurde er unter dem Vorwurf „formalistisch" oder „wirklichkeitsverzerrend" zu sein verboten.

1933 wurde die Filmproduktion dem Volkskommissariat für Leichtindustrie entzogen und direkt der Regierung unterstellt. Bis Mitte der 30er Jahre hatte der sowjetische Staat die vollständige Kontrolle über das Filmschaffen erlangt. Die Methode des sozialistischen Realismus wurde für die Kunst bindend. Man erklärte die Entwicklung der Gesellschaft für abgeschlossen. Daher machten auch die Filmhelden keine Entwicklung mehr durch, sondern waren von Anfang an ideale Helden, die nicht mehr zweifelten und genau ihre Bestimmung kannten. Das Sujet des unpolitischen Zweiflers, der sich im Sinne der kommunistischen Sache entwickelt, war ab Mitte der dreißiger Jahre nur noch den Filmen mit Auslandsthematik vorbehalten.[79] Dabei handelte es sich hauptsächlich um antifaschistische Filme. Auch die Exilfilme Wangenheims und Rappaports gehörten dazu.

Die meisten (zukünftigen) deutschen Filmschaffenden kamen zu einer Zeit ins Land, als dessen Filmproduktion immer mehr unter staatliche Kontrolle geriet. Sie kamen in ein Land, in dem Versorgungsengpässe die Filmproduktion erschwerten und in die Länge zogen. So war es nicht ungewöhnlich, wenn sich die Produktion eines Films über Jahre hinzog. Auch die starke politische Beeinflussung, die Kontrolle und ideologische Beaufsichtigung staatlicher Instanzen stellten ein Problem dar. Die Genehmigungsverfahren für Drehbücher waren langwierig. Es ist daher nicht verwunderlich, dass in der Sowjetunion in der Emigrationszeit zwischen 1933 und 1945 nur drei Spielfilme unter maßgeblicher deutscher Beteiligung verwirklicht werden konnten.[80] Alle anderen deutschen Filmvorhaben kamen nicht zustande. Viele Projekte blieben im Netz der Instanzen hängen oder

---

[79] Engel S.80.

[80] Während es in den westlichen Exilländern, wie Frankreich, den Niederlanden, England und den USA etc. zusammengenommen 222 sogenannte Exilfilme waren, siehe Asper S.960, wobei man natürlich auch die relativ geringe Zahl der Filmemigranten in der UdSSR berücksichtigen muss.

wurden schließlich, nach ständigen Änderungsauflagen, die in Abhängigkeit aktueller politischer Entwicklungen erfolgten, abgebrochen.

3.1.1. Das Studio Mežrabpom-Rus' bzw. Mežrabpomfil'm

Eines der einflussreichsten Filmstudios in Russland war die Aktiengesellschaft Mežrabpom-Rus'. Hierbei handelte es sich um den 1923 erfolgten Zusammenschluss des seit 1917 tätigen privaten Studios Rus' und der Moskauer Filmabteilung der Internationalen Arbeiter Hilfe (IAH). Mit dieser Gesellschaft stieg Münzenbergs Medienkonzern IAH groß in das sowjetische Filmgeschäft ein. Rus' war für die international tätige IAH interessant geworden, weil sich die Firma auf publikumswirksame Filme zu Themen der russischen Geschichte und Literatur mit den auch im Ausland bekannten Schauspielern des Moskauer Künstlertheaters spezialisiert hatte. Das private Studio Rus' suchte seinerseits die Verbindung mit der kommunistischen IAH, um sich in der Sowjetunion gegen Angriffe abzusichern. Doch die Überlegungen gingen nicht auf, denn trotz und aufgrund dieser Allianz wurde das Studio fast bis zu seiner Auflösung in der Sowjetunion als bürgerliche Erscheinung attackiert. Außerdem wurde es als halb privates Unternehmen benachteiligt. Es musste höhere Preise in Kopierwerken zahlen und bekam keine Subventionen. Subventionen wurden nur an die IAH gezahlt, die mit dem Geld ihren Einfluss in der Firma zu erhöhen suchte.[81]

Da sich das Zentrum der IAH in Berlin befand, unterhielt die Mežrabpom-Rus' enge Kontakte nach Deutschland. Von dort wurde Filmmaterial und Ausrüstung nach Moskau geliefert. Es galt daher als das technisch am besten ausgerüstete Studio in der Sowjetunion. Dies wird dadurch bestätigt, dass mit „Der Weg ins Leben" (Putёvka v žizn') 1931 der erste sowjetische Tonfilm und mit „Die zerrissenen Stiefel" (Rvanye bašmaki) 1933 der erste vertonte sowjetische Kinderfilm von diesem Studio gedreht wurde. Auch der erste Musikfilm („Harmonika" (Garmon) 1934) und der erste sowjeti-

---

[81] Bulgakowa S.185.

sche Farbfilm („Grunja Kornakova" 1936) wurden bei der Mežrabpom-Rus' bzw. ab 1928 Mežrabpomfil'm realisiert.[82]

Das Unternehmen fuhr zweigleisig. Es versuchte einerseits publikumswirksame Filme wie Klassikverfilmungen und Unterhaltungsfilme zu drehen, produzierte aber auch die Experimente der jungen Filmavantgarde, die im Ausland beliebter waren als beim heimischen Publikum.[83] Einige der berühmten russischen Montagefilme wurden in den zwanziger Jahren in diesem Studio gedreht. Es kamen auch sowjetisch-deutsche Koproduktionen mit der Prometheus zustande, um die deutschen Einfuhrbeschränkungen für sowjetische Filme zu umgehen. Die erste war 1926 „Überflüssige Menschen" (Lišnie ljudi), außerdem entstanden 1929 die Tolstoj-Verfilmung „Der lebende Leichnam" (Živoj trup) und der Film „Salamander" (Salamandra). Der deutsche Markt wurde als besonders wichtig angesehen. Mit dem 1924 gegründeten staatlichen Studio Sovkino erwuchs der Mežrabpom-Rus' ernsthafte Konkurrenz. Die Filmproduktion wurde als Einnahmequelle für den Staatshaushalt gesehen und daher produzierte man historische Melodramen und Unterhaltungsfilme, die auf finanziellen Gewinn ausgelegt waren. Auch auf dem deutschen Markt, den Sovkino über seine deutsche Vertriebsgesellschaft Derussa belieferte, hatten diese Filme großen Erfolg. Den jungen Künstlern der russischen Filmavantgarde stand Sovkino aber, im Gegensatz zur Mežrabpom-Rus', eher skeptisch gegenüber.

1928 wurden die zur privaten Firma Rus' gehörenden Verantwortlichen des Studios durch einen Unterschlagungsprozess aus dem Unternehmen gedrängt und durch IAH-Funktionäre ersetzt. Die IAH war die alleinige Firmeninhaberin geworden. Das Studio wurde in Mežrabpomfil'm umbenannt. Als die deutsche Prometheus-Filmgesellschaft Anfang der dreißiger Jahre pleite ging, konzentrierten sich die Filmaktivitäten der IAH gänzlich auf die Mežrabpomfil'm. Sie produzierte nunmehr hauptsächlich für den Export und stellte ihren Produktionsplan ganz auf ausländische Themen um. Innerhalb des Studios hatte die Internationale Abteilung nun die größte

---

[82] *Willi Münzenberg oder die Kunst der Propaganda*, ZDF 1995.

[83] Engel S.40.

Bedeutung. Hier sollten Regisseure aus verschiedenen Ländern die Möglichkeit bekommen, Filme für das Weltproletariat zu drehen. Daher wurden seit Beginn der dreißiger Jahre ausländische Genossen zu Filmprojekten in die UdSSR eingeladen.

Für die IAH stand, seit sie die alleinige Kontrolle über die Firma erlangt hatte, der ideologische Propagandawert der von ihr gedrehten Filme gänzlich im Vordergrund. Im Verlauf der Zeit geriet das Studio allerdings in finanzielle Bedrängnis. Am 1. Februar 1933 kam auf einer Sitzung des ZK der IAH und der administrativen Verwaltung der Mežrabpomfil'm zur Sprache, dass sich die Arbeit mit den ausländischen Regisseuren als schwierig erweise, da diese zu verschwenderisch mit den Mitteln umgingen. Hier wurde außerdem festgehalten, dass die oberste staatliche Filmbehörde Sojuzkino gemeinsam mit der Presse eine Politik gegen die Filme der Mežrabpomfil'm betreibe. Man warf den Exportfilmen vor, von ideologisch verminderter Qualität zu sein[84].

1934 wurde das Studio reorganisiert und in Rot Front umbenannt. Die Mežrabpomfil'm bzw. Rot Front wurde im Juni 1936 infolge der Stalinistischen Säuberungen aufgelöst. Hierbei spielte sicher auch das Verhalten des IAH-Gründer Willi Münzenberg eine Rolle. Dieser weigerte sich seit 1936 vor einer Komintern-Kontrollkommission in Moskau zu erscheinen, um sich zu Trotzkismusvorwürfen zu äußern, die gegen ihn erhoben worden waren und vermutlich auch schon länger im Umlauf waren. Münzenberg wurde 1937 aus der KPD ausgeschlossen. Das Misstrauen der Sowjets gegenüber internationalen Organisationen hatte sich im Laufe der Zeit erheblich gesteigert und die Mežrabpomfil'm war als Teil der Internationalen Arbeiter Hilfe natürlich verdächtig. Unzureichend ist die Aussage des Deutschen Hans Rodenberg, der seit 1932 im IAH-Auftrag bei der Mežrabpomfil'm als Produktionsleiter und später als Produktionsdirektor arbeitete. Seiner Meinung nach habe die Filmgesellschaft durch die Liquidierung ihrer Mutterorganisation IAH in Deutschland nach 1933 durch die Nationalsozialisten und den dadurch bedingten Abbruch der IAH-Bezie-

---

[84] Chochlowa S.205f, (Protokoll einer gemeinsamen Sitzung zur finanziellen Situation des Studios).

hungen zum westlichen Ausland ihre Grundlage verloren und war überflüssig geworden. Hierbei übersieht er, dass Willi Münzenberg, der Generalsekretär der IAH, seine Aktivitäten 1933 von Berlin nach Paris verlegt hatte. Die Situation, in der sich das Studio durch die massive Verhaftung seiner Mitarbeiter befand, wird DDR-typisch in Rodenbergs Memoiren nicht berücksichtigt.[85]

Auf der Grundlage der Mežrabpomfil'm wurde das Studio Sojuzdetfil'm, also ein Kinderfilmstudio, geschaffen, das in der fünfziger Jahren in Gorkistudio umbenannt wurde.

3.2. Deutsche Theaterschaffende in der UdSSR

Mit dem im April 1922 zwischen der UdSSR und Deutschland geschlossenen Vertrag von Rapallo, in dem Deutschland als erstes Land die Sowjetunion diplomatisch anerkannte sowie einem in Berlin im April 1926 geschlossenen Freundschafts- und Neutralitätsvertrag normalisierten sich die Beziehungen zwischen den ehemaligen Kriegsgegnern. In diesen Jahren entwickelten sich intensive Beziehungen zwischen den beiden Ländern. Dies gilt besonders für den kulturellen Sektor und schlug sich in Gastspielen deutscher Künstler (beispielsweise Musiker und Theatergruppen) in der Sowjetunion und entsprechenden sowjetischen Gegenbesuchen nieder. Am 1. Juni 1923 wurde in Berlin die *Gesellschaft der Freunde des neuen Russland* gegründet, die u. a. Vorträge und Konzerte veranstaltete und zu deren Mitgliedern Thomas Mann und Albert Einstein zählten.[86]

Auch innerhalb der IAH und des 1929 gegründeten Internationalen Arbeiter Theaterbundes (IATB), bzw. ab 1932 Internationaler Revolutionärer Theaterbund (IRTB)[87], hatten sich eigenständige kulturelle Kooperationsbeziehungen mit der Sowjetunion entwickelt. So wurden beispielsweise deutsche Agitpropgruppen zur kulturellen Betreuung deutscher Vertragsar-

---

[85] Rodenberg, S.120. Rodenberg machte in der DDR eine politische Karriere. Von 1960-1963 war er stellvertretender Minister für Kultur.

[86] Stompor, S.19f.

[87] Diese internationale Theaterorganisation umfaßte in ihren Unterabteilungen auch Film, Musik, Tanz und Kindertheater.

beiter in die UdSSR eingeladen und gaben in den verschiedenen Industrie-standorten Gastvorstellungen. Eine dieser Gruppen war die 1927/1928 von Helmut Damerius in Berlin gegründete Kolonne Links. Zu ihr gehörten ne-ben Damerius Kurt Arendt, Hans Klering, Karl Oefelein, Bruno Schmidts-dorf sowie Dora Dittmann und noch zwei weitere weibliche Mitglieder, außerdem der Komponist Hans Hauska. Die Schauspieler waren keine aus-gebildeten Darsteller, sondern reine Laien, die aus normalen Berufen ka-men. Die meisten waren arbeitslos. Die Gruppe reiste im Frühjahr 1931 mehrere Wochen durch die Sowjetunion. Als sie nach Deutschland zurück-kehrte, war die „Notverordnung zur Bekämpfung politischer Ausschreitun-gen" in Kraft getreten und über Berlin ein inoffizielles Auftrittsverbot für Agitpropgruppen verhängt worden. Die IAH hatte daraufhin beschlossen, die Kolonne Links vorerst in der Sowjetunion zu belassen. Da das entspre-chende Telegramm nicht rechtzeitig angekommen war, kehrten die Dar-steller bei ihrer Ankunft in Berlin sofort um und reisten auf zwei sowjeti-schen Fischfangtrawlern über Wladiwostok zurück nach Moskau, wo sie im Oktober 1931 ankamen. Nach personeller Verstärkung aus der Agitbri-gade „Rot Front" des Klubs ausländischer Arbeiter tourte die Kolonne Links weiter sehr erfolgreich durch die Sowjetunion.

An das seit 1931 bestehende Deutsche Akademische Staatstheater in En-gels, der Hauptstadt der Wolgadeutschen Republik, wurden schon für die Winterspielzeit 1931/1932 reichsdeutsche Schauspieler verpflichtet, um den einheimischen Schauspielern fachliche Hilfestellungen zu geben.

Diejenigen Theaterschaffenden, die sich bei der Machtübernahme der Na-zis bereits in der Sowjetunion aufhielten, konnten ohne größere Schwierig-keiten bleiben. Schwieriger wurde es für diejenigen, die erst nach 1933 ein-reisen wollten. Dies zeigt sich am Beispiel des Schauspielers Maxim Val-lentin, der die Berliner Agitpropgruppe „Das rote Sprachrohr" leitete. Er fragte bei der deutschen Sektion des IRTB in Moskau zwecks Einreise in die UdSSR an und erhielt im Oktober 1933 folgende Antwort:

> „Wir selbst verstehen Deine Absichten und Pläne, doch stoßen wir bei Vater [der sowjetischen KP, die Verfasserin] auf Widerstand. Er will nicht, daß Du auch nur besuchsweise zu uns kommst. Er sagt, daß jetzt schon viele Verwandte hier sind,

für die er und wir sorgen müssen und daß es über unsere Kräfte geht, wenn die ganze Verwandtschaft hierher kommt."[88]

Vallentin durfte im Dezember 1933 auf Parteibeschluss in die Tschechoslowakei emigrieren. Erst als im Mai 1935 ein künstlerischer Leiter für das Deutsche Gebietstheater Dnepropetrovsk gesucht wurde, kam man auf Vallentin zurück und erlaubte ihm die Einreise in die Sowjetunion.

Auch andere Theaterschaffende durften nach 1933 erst einreisen, wenn ihre Mitarbeit in konkreten Projekten benötigt wurde oder gewünscht war.

Der Theaterregisseur, Schauspieler und Autor Gustav von Wangenheim und seine Frau Ingeborg Franke bzw. Inge von Wangenheim durften 1933 aus ihrem Pariser Exil nach Moskau kommen, als die Kolonne Links neu aufgebaut werden sollte. Wangenheim wurde ihr neuer künstlerischer Leiter. Agitprop galt in der UdSSR mittlerweile als eine kunstpolitisch nicht mehr genehme Form der Theaterarbeit, sie entsprach nicht mehr der Parteilinie und wurde somit als Abweichung kritisiert. Wangenheim sollte die Laiendarsteller an neue Aufgabenstellungen heranführen, sie stilistisch umorganisieren und sie schauspielerisch weiterqualifizieren. Dazu wurden die ehemaligen Mitglieder von Wangenheims Berufstheaterkollektiv „Truppe 1931", benannt nach ihrem Gründungsjahr, in die Sowjetunion gerufen. Hierbei handelte es sich, im Gegensatz zur Kolonne Links, um ausgebildete Schauspieler. Die Truppe 1931 und die Kolonne Links wurden in Moskau zum Deutschen Theater Kolonne Links zusammengeschlossen und spielten ab Februar 1934 unter Wangenheims Leitung im Klub ausländischer Arbeiter, in anderen Moskauer Kulturhäusern sowie im Donezgebiet ihr Programm aus Rezitationen, Liedern, Szenenfolgen und Einaktern. Der Zusammenschluss dieser Gruppen war ein erster Schritt zur Realisierung eines Deutschen Theaters in Moskau. Die Euphorie, in der sich die Wangenheims in dieser Zeit befanden, lässt sich an einem Brief Inge von Wangenheims vom 23. Mai 1934 an den jüdischen Schauspieler Alexander Granach ablesen, in dem es heißt:

---

[88] Zitat aus: Diezel (1999) S.293, der hier auf den Vallentin-Nachlass im Archiv der Akademie der Künste in Berlin verweist.

„(...) wir befinden uns seit geraumer Zeit in einem so phantastisch interessanten wie aufreibenden Umbruchs- und Aufbaustadium (...) Darum müssen wir jetzt auf schnellstem Wege einen ständigen Raum und Geld in grösserem Masstabe verlangen, denn auf dem beschwerlichen Dornenpfad der Klubräume und ewigen Herumtreiberei ist die künstlerische Leistung, die wir bisher vollbracht haben nicht mehr zu verbessern (...) Unsre Sache hat prinzipiell hier eine unerhörte Ausdehnungsmöglichkeit und Zukunft. Man kann viel machen, wenn man durchhält, mehr Geduld hat als die Andern und geschäftstüchtig ist."[89]

Gustav von Wangenheim fügte in einem handschriftlichen Zusatz hinzu:

„Jeden Tag ist etwas andres los! Ich arbeite wie ein Viech."[90]

Sowohl Wangenheim als auch der sich seit 1931 in der Sowjetunion aufhaltende deutsche Theaterregisseur Erwin Piscator hatten für ein Deutsches Theater in Moskau Konzeptionen erarbeitet und wollten entsprechend auch die Leitung des Theaters übernehmen. Am Anfang sah es so aus, als habe Piscator aufgrund seines viel höheren Bekanntheitsgrades die besseren Chancen. Sein Vorschlag mit einer veranschlagten Subventionssumme von mindestens einer Million Rubel wurde jedoch als vorläufig undurchführbar zurückgestellt. Wangenheim errechnete hingegen für einen festen Theaterraum und den Etat für 30 Schauspieler plus technisches Bühnenpersonal einen Kostenaufwand von ungefähr 400.000 Rubeln. Aufgrund der Rivalität, die zwischen Wangenheim und Piscator in dieser Angelegenheit entstand, kam es zwischen beiden zu gewissen Unstimmigkeiten. Schon in dem bereits erwähnten Brief an Granach schrieb Inge von Wangenheim:

„Problem bleibt leider nur nach wie vor die Haltung Erwins, die uns einige Nüsse zu knacken geben wird. Er weiß nicht, was er will. Er will aber auf alle Fälle das, was wir wollen, damit wir es nicht wollen können, verstehst Du?"[91]

Im Juli 1934 wurde Wangenheim mitgeteilt, da sich die zuständigen ZK-Stellen für seine Variante ausgesprochen hätten. In einem Brief vom 23. Juli 1934 schrieb Wangenheim an Granach:

„Ich habe gegen P. (dies unter uns) damit Recht behalten, dass ich nicht erst lange gefragt habe und gefordert, sondern mit den bescheidensten Mitteln einfach praktisch angefangen habe. Auch jetzt habe ich vor, nicht grössenwahnsinnig zu werden und der Theaterstadt Moskau nicht zeigen zu wollen, wie man's eigentlich

---

[89]   Zitat aus: SAdK, Berlin, Granach-Archiv, Signatur 24.

[90]   ebd.

[91]   Zitat aus: SAdK, Berlin, Granach-Archiv, ebd.

machen muss, sondern bescheiden auch weiterhin sicher und unbeirrbar zu versuchen, gute und wesentliche Arbeit zu leisten."[92]

Das Zerwürfnis zwischen den beiden war so groß, dass sie eine gleichberechtigte Zusammenarbeit an diesem Projekt ablehnten.[93]

Doch auch Wangenheim scheiterte mit seinem Vorhaben. Es gelang der Gruppe nicht, ein festes Haus zu erhalten, denn Bühnenraum war, ebenso wie Wohnraum für die engagierten Schauspieler, in Moskau äußerst knapp. Hinzu kamen finanzielle Schwierigkeiten. Der Plan musste schließlich fallengelassen werden, weil auch die staatlichen Hilfestellungen nicht über Versprechungen hinausgingen und Zusagen nicht eingehalten wurden.[94] Das Ensemble löste sich Ende 1934 auf. Ein Teil der Schauspieler verließ die UdSSR wieder, um andere Engagements anzutreten. Andere gingen an das Deutsche Kollektivistentheater in Odessa, das seit 1935 von Ilse Berend-Groa[95] geleitet wurde, oder an das Deutsche Gebietstheater Dnepropetrovsk, das sich 1935 unter der Mithilfe Erwin Piscators aus der seit 1932 bestehenden deutschen Abteilung des Musik- und Theatertechnikums Dnepropetrovsk formiert hatte und dessen Leitung dem aus Prag kommenden Maxim Vallentin übertragen worden war. Beide waren Wandertheater, die in Odessa bzw. in Dnepropetrovsk über einen festen Stützpunkt verfügten und von dort aus ein größeres Gebiet mit Kolchosen und Sovchosen zu bespielen hatten.

Das Deutsche Gebietstheater Dnepropetrovsk musste sich im Herbst 1936 auflösen, nachdem sein sowjetischer Förderer im Stadt-Parteikomitee verhaftet worden war. Mit der Auflösung versuchte die Theaterleitung politischen Maßnahmen gegen Ensemblemitglieder zuvorzukommen. Trotzdem

---

[92] Zitat aus: SAdK, Berlin, Granach-Archiv, Sign.24.

[93] Diezel (1989) S.438ff. Auch menschlich gesehen müssen die beiden nicht miteinander zurechtgekommen sein. Trapp (1981) schildert Verhaltensweisen Piscators, beispielsweise seine Geheimniskrämerei, die Wangenheim, laut seiner Tagebuchaufzeichnungen, völlig unverständlich blieben. Siehe S.30 und S.39.

[94] Siehe hierzu die detaillierte Untersuchung von Trapp (1981).

[95] Sie war in der Weimarer Republik als künstlerische Leiterin der Theatergruppe „Proletkult Kassel" bekannt geworden und 1931 in die Sowjetunion gekommen als ein Internationales Theater in Moskau gegründet werden sollte, das allerdings nicht realisiert wurde.

wurden verschiedene Emigranten, die diesem Theater angehört hatten, ohne Angaben von Gründen ausgewiesen, u.a. der Schauspieler Erwin Geschonnek, der vorher der Truppe 1931 angehört hatte und zwischenzeitlich nach Odessa gegangen war.[96] Ein anderer Teil des Ensembles wechselte an das Deutsche Staatstheater in Engels, das 1929/30 gegründet worden war und dessen Ensemble hauptsächlich aus Wolgadeutschen bestand. Hier hatte Piscator 1935, neben seiner 1934 übernommenen Präsidentschaft des IRTB, im Auftrag der wolgadeutschen Regierung einen neuen Wirkungskreis gefunden. Hier wollte er endlich seine Pläne eines großen deutschen Exiltheaters in die Tat umsetzen. Er plante, zusammen mit dem Regisseur und Theatertheoretiker Bernhard Reich, ein ganzes Kulturkombinat in Engels aufzubauen, was sowohl die Reorganisation des Theaters zu einem antifaschistischen Vorbildtheater, als auch eine Verlegung der Mežrabpom-Filmproduktion deutscher Projekte von Moskau nach Engels einschloss. Er plante die Gründung einer eigenen Schauspielschule zur Schulung des künstlerischen Nachwuchses und einer international renommierten Zeitung, in der die Schriftsteller der Emigration aus allen Ländern ihre Arbeiten veröffentlichen konnten. Alle namhaften deutschen Dramatiker, Schauspieler und Regisseure wollte er in Engels versammeln. Wer sich nicht bereits in der Sowjetunion befand, sollte aus dem Ausland engagiert werden, wie z.B. Bertolt Brecht. Zu diesem Zweck nahmen Piscator und seine Mitarbeiter Kontakt zu Emigranten in anderen Exilländern auf und berichteten von ihren Plänen und Möglichkeiten.[97] Doch auch hier verlief nicht alles nach Plan. Die Bedingungen in Engels waren katastrophal, die Stadt hatte keine Kanalisation, Wohnungen waren Mangelware und wegen der Wolgaüberschwemmungen war die Gegend im Frühjahr Malariagebiet. Viele Emigranten zögerten mit ihrer Zusage. Dann sagten die ersten offiziell ab, u. a. Gustav von Wangenheim. Dies mag auch daran gelegen habe, dass sich Piscator schwer einschätzen ließ. Seine Art des proletarischen Theaters aus der Weimarer Zeit entsprach nicht mehr der offiziellen Kulturpolitik, die das avantgardistische Theater verdammt hatte und zu traditionelleren

---

[96] Stompor S.82.

[97] Haarmann/Schirmer/Walach S.76ff.

Formen im Rahmen des sozialistischen Realismus zurückgekehrt war. Auch Brechts Stil eines epischen Theaters war in der UdSSR nicht mehr erwünscht. Einige fürchteten vielleicht mit Piscator, der in den Zwanzigern ständig mit der KPD im Clinch gelegen hatte, und einem Theater nach einer Piscator-Brecht-Konzeption in Verbindung gebracht zu werden. Piscator reiste im Juli 1936 als Präsident des IRTB nach Paris und musste die Geschäfte in Engels von Reich führen lassen. Das innenpolitische Klima im Lande verschlechterte sich zusehends. Im August 1936 begann der erste Moskauer Schauprozess. Die Bedingungen für ein Experimentiertheater, wie es Piscator vorschwebte, dessen Entwicklung für offizielle Kulturfunktionäre schwer einzuschätzen war, wurden immer ungünstiger. In dieser Zeit wurde es für die Emigranten in der Sowjetunion lebenswichtig, so wenig wie möglich aufzufallen. Piscator wurde angeraten nicht mehr aus Paris zurückzukehren, da man für seine Sicherheit nicht garantieren konnte. Zu dieser Zeit war die bekannte deutsche Schauspielerin Carola Neher, die zugesagt hatte, nach Engels zu kommen, bereits als trotzkistische Agentin verhaftet worden. Reich meisterte die Spielzeit 1936/37 allein und relativ erfolgreich. Im Sommer 1937 wurden plötzlich die Verträge der deutschen Emigranten nicht mehr verlängert und in den Engelser Zeitungen wurde ein Teil der Emigranten als bourgeoise Nationalisten und faschistische Spione beschimpft.[98] Die emigrantenfeindliche Stimmung wurde von einigen wolgadeutschen Schauspielern geschürt, die sich am Theater zurückgesetzt fühlten. Dies war vermutlich auch dadurch bedingt, dass Piscator und Reich von Anfang an klar gemacht hatten, dass das schauspielerische Können der wolgadeutschen Schauspieler zu wünschen übrig ließe[99] und die deutschen Emigranten als Vorbilder und Lehrer nach Engels geholt worden waren. Auf Anraten von Kominternstellen gingen die Deutschen nach Odessa oder gar in andere Exilländer, wie beispielsweise Curt Trepte. Bis Oktober 1937 hatten daher alle deutschen Emigranten das Ensemble in En-

---

[98] Diezel (1999) S.308f.

[99] Während eines Studienaufenthalts der wolgadeutschen Schauspieler in Moskau schienen ihnen nur fünf von zwanzig Spielern in kleinen Rollen verwendbar, Reich S.351.

gels verlassen.[100] Doch auch das Ensemble in Odessa wurde 1937 zerschla-
gen. Somit stand den Emigranten kein deutschsprachiges Theater mehr zur
Verfügung. Theaterschaffende waren gezwungen, sich anderweitig nach
Arbeit umzusehen.

Schon im Januar 1937 war der IRTB, also die wichtigste Vermittlungs- und
Koordinierungsinstitution der deutschen Theateremigration in der Sowjetunion, per Komintern-Beschluss aufgelöst worden. Diese Entwicklung
hatte sich seit Mitte 1936 abgezeichnet. Mitarbeiter internationaler Organisationen wurden den Sowjetbehörden zunehmend suspekter und gerieten
leicht unter Agentenverdacht. Vermutlich war auch das ein Grund, weshalb
Piscator nicht zurückkehren sollte.

Wer von den deutschen Theateremigranten nicht bereits verhaftet, ausgewiesen oder offiziell außer Landes gegangen war, bemühte sich meist um
eine Stelle beim Moskauer Rundfunk, dessen deutsches Programm sich an
Hitlers Soldaten und die gesamte Bevölkerung im Deutschen Reich zum
Zweck der Agitation richtete, und für den bevorzugt deutsche Schauspieler
als Sprecher eingesetzt wurden.

3.3. Deutsche Filmschaffende in der UdSSR

Die Internationale Arbeiter Hilfe unterstützte vor allem den Film. Deutsche
Filmarbeit wurde in der Sowjetunion vor allem von Leuten gemacht, die
hauptberuflich am Theater arbeiteten. Schon vor 1933 wurden eine Reihe
deutscher Regisseure und Schauspieler zu Filmvorhaben in die Sowjetunion geholt. So meldete die Zeitung *Ost-Expreß* am 24. Oktober 1931 unter
der Überschrift „Deutsche Filmkünstler in Moskau", die Mežrabpomfil'm
habe für die Produktionszeit 1931/32 Egon Erwin Kisch und Georg Kaiser
als Autoren, Béla Balázs, Hans Richter, Karl Junghans und Erwin Piscator
als Regisseure und u. a. Paul Wegener als Schauspieler verpflichtet. Unter
dem Titel „Ausländische Regisseure in Sowjetrußland" ist dort am 12. Mai
1932 zu lesen, dass sich gegenwärtig vier ausländische Regisseure im
Dienste der Mežrabpomfil'm befänden. Erwin Piscator drehe „Der Auf-

---

[100] Diezel (1989) S.495f.

stand der Fischer", Junghans „Die Schwarzen und die Weißen", Richter den Kulturfilm „Metall" nach einem Drehbuch von Friedrich Wolf und der holländische Dokumentarfilmer Joris Ivens arbeite an dem Film „Komsomol".[101] Hierzu muss gesagt werden, dass von den deutschen Vorhaben nur Piscators Projekt vollendet wurde. Junghans' Film über die Unterdrückung der Farbigen in Amerika wurde noch in der Drehbuchvorbereitungsphase abgebrochen, als die USA die Sowjetunion als eine der letzten ausländischen Regierungen diplomatisch anerkannte. Offensichtlich wollte man die frischen Beziehungen nicht durch einen kritischen Film gefährden. Junghans kehrte daraufhin nach Deutschland zurück. Auch Richters Projekt wurden abgebrochen. Auch er verließ die UdSSR wieder und emigrierte 1941 in die USA. Béla Balázs drehte 1932/33 angeblich den Film „Brennende Theiß", aber hierzu ließen sich, außer der Erwähnung bei Rodenberg, keinerlei weitere Angaben finden.[102]

Letztendlich kamen außer den drei Filmen Piscators, Wangenheims und Rappaports keine Filme unter maßgeblicher deutscher Beteiligung zustande. Für Erwin Piscators und Gustav von Wangenheim sollten es, zumindest für ihre Exilzeit, die einzigen Filme bleiben.

Nach „Der Aufstand der Fischer" plante Piscator bei der Mežrabpomfil'm eine Reihe von Kurzfilmen, die Bezug auf die aktuelle außenpolitische Entwicklung nehmen sollten. Sie wurden nicht verwirklicht. Bei der Nichtverwirklichung solcher Pläne spielten meistens ideologisch begründete administrative Eingriffe eine Hauptrolle. Der Schriftsteller und Journalist Ernst Ottwalt berichtete, er habe 1933 mit Piscator das Drehbuch zu einem antifaschistischen Film schreiben sollen, in dem aber keine SA-Leute auftreten durften. Der Entwurf wurde genehmigt, aber das fertige Drehbuch musste dann wegen ständiger Einwände und Änderungsvorgaben vier- bis fünfmal umgeschrieben werden. Als Ottwalt sich schließlich beschwerte, teile ihm der damalige Direktor der Mežrabpomfil'm mit, er halte den Stoff

---

[101]   SAdK, Berlin, Erwin–Piscator-Sammlung, Sign.236.

[102]   Rodenberg S.114.

in der Anlage für falsch. Damit war das Projekt erledigt und monatelange Arbeit umsonst.[103]

Nach dem fallengelassenen Kurzfilmprojekt beschäftigte sich Piscator, im Auftrag offizieller wolgadeutscher Stellen, mit den Plänen zu einem "Film der Wahrheit" über die wolgadeutsche Republik. Dieser Film sollte eine Antwort auf den 1935 in Deutschland gedrehten antisowjetischen Film „Friesennot" sein, der die volksdeutsche Minderheit als von den Sowjets unterdrücktes Volk zeigte, das die Befreiung durch den Nationalsozialismus erwartet. Der Film Piscators sollte dagegen in autobiographischen Schilderungen Wolgadeutscher die Entwicklung der Wolgarepublik von der Oktoberrevolution bis in die Gegenwart darstellen. Die Realisierung war 1935/36 innerhalb des Mežrabpomfil'm-Studios in Moskau geplant, der ungarische Dramatiker Julius Hay hatte den Drehbuchentwurf geschrieben. Der Film sollte bis November 1936 fertig sein. Von Dreharbeiten zu diesem Film berichtet Alexander Granach in einem Artikel in der *Arbeiter Illustrierten Zeitung (AIZ)* vom Februar 1936.[104] Es lässt sich nicht feststellen, ob das Projekt wegen Piscators Abreise aus der UdSSR im Juli 1936, aufgrund der Auflösung der Mežrabpomfil'm im Juni 1936 oder aus einem anderen Grund nicht beendet wurde.

Durch die Auflösung der Mežrabpomfil'm kamen einige geplante Projekte nicht mehr zustande oder musste abgebrochen werden. Dies betraf z.B. die Dreharbeiten zu Hans Rodenbergs Film „Illegal". Dieser wäre vermutlich ein weiterer deutscher Exilfilm geworden, denn Rodenberg schrieb das Drehbuch und führte Regie.[105] Die Hauptrollen sollten zwei deutsche Emigranten übernehmen (Heinrich Greif und Rodenbergs Frau Hanni Schmitz). Außerdem sollen Schauspieler aus Österreich engagiert worden sein sowie ein österreichischer Szenenbildner. Das Studio wurde drei Tage

---

[103] Bericht Ottwalts während einer geschlossenen Parteiversammlung deutscher Exilschriftsteller 1936, Müller (1991) S.328.

[104] SAdK, Berlin, Granach-Archiv, Sign.489: Alexander Granach: Antifaschistische Künstler in der Sowjet-Union, in: AIZ Nr.6, Prag, 6. Februar 1936, S.94-95. Die Vorbereitungen zu diesem Film erwähnt Granach auch in seiner Korrespondenz mit Lotte Lieven-Stiefel vom 23. Dezember 1935, Sign.254, wo er für sie eine Rolle als große, blonde Bäuerin sieht.

[105] Siehe hierzu vorwegnehmend die Definition zum Exilfilm auf S.63 dieser Arbeit.

nach Beginn der Dreharbeiten geschlossen. Rodenberg wollte seinen Film
daraufhin bei einem anderen Studio produzieren lassen, doch trotz verschiedener Verhandlungen und Gespräche verlief die Sache im Sande.[106]
Das maßgebliche Studio für deutsche Filmschaffende war die Mežrabpomfil'm gewesen und durch ihre Auflösung verloren sie ihr wichtigstes Forum. Schon während des Bestehens des Studios wurden ständig Drehbuchautoren beschäftigt, deren Szenarien aber nicht verfilmt wurden. So äußerte
der bei der Mežrabpomfil'm angestellte Schriftsteller Julius Hay im September 1936:

> „Ich habe Filme geschrieben, die eine viel weniger wichtige Arbeit waren. Die
> Filme werden auch nie gemacht. Ich konnte davon leben. Aber deswegen sind wir
> nicht in die Sowjetunion gekommen, um von nicht gedrehten Filmen zu leben."[107]

Ohne die Mežrabpomfil'm wurde es für deutsche Emigranten noch schwe-
rer ihre Ideen zu verwirklichen. Gustav von Wangenheim hatte Glück. Er
konnte die Dreharbeiten zu seinem Film „Kämpfer" trotz der Auflösung
des Studios beenden.

Die weitere Filmarbeit deutscher Emigranten beschränkte sich im Folgenden hauptsächlich auf die Mitarbeit an Drehbüchern oder auf die fachliche
Beratung sowjetischer Regisseure und Schauspieler, allerdings, bis auf den
Film „Professor Mamlock" von 1938, nicht mehr in dem Maße, dass man
von deutschen Exilfilmen sprechen könnte. 1936 erschien nach dem Drehbuch des Schriftstellers Béla Balázs der Film „Karl Brunner" über die Teil-
nahme deutscher Kinder am Widerstandskampf. 1935/36 spielte der Schauspieler Alexander Granach, der auch in Deutschland schon beim Film mitgewirkt hatte[108], die Hauptrolle in dem Film „Das letzte Zigeunerlager"

---

[106] Rodenberg S.120.

[107] Zitat aus: Müller (1991) S.442. Hierin unterschieden sich die emigrierten Dreh-
buchschreiber aber nicht von ihren deutschen Kollegen in den USA, auch wenn die
Ursachen andere waren. In den USA wurden Deutsche (meist prominente Schriftsteller) z.B. befristet bei Filmgesellschaften angestellt, nur um eine Aufenthaltsgenehmigung zu erhalten. Sie arbeiteten also oft von Vornherein für die Schublade.
Oder sie verkauften ihre Drehbücher an Filmkonzerne, die sie zwar nicht verfil-
men, aber auch nicht der Konkurrenz überlassen wollten, siehe Horak S.248ff. In
der Sowjetunion wurden die Drehbücher unzähligen Kontroll- und Genehmigungsverfahren ausgesetzt und konnten daher meist nicht verfilmt werden.

[108] U.a. 1920/21 in F. W. Murnaus „Nosferatu - Eine Symphonie des Grauens".

(Poslednij tabor). Dies war allerdings noch eine Mežrabpomfil'm-produktion. 1938 entstand der Film „Professor Mamlock", für den Fried-rich Wolf das Drehbuch geschrieben hatte. Aus dem gleichen Jahr stam-men „Der Kampf geht weiter" (Bor'ba prodolžaetsja), ebenfalls nach einem Drehbuch von Wolf[109] und „Die Moorsoldaten" (Bolotnye soldaty), an dem der ehemalige Leiter der Kolonne Links Helmut Damerius als Berater mit-wirkte. 1939 wurde, unter Beratung von Hans Rosenberg, der Roman von Lion Feuchtwanger *Die Geschwister Oppermann* unter dem Titel „Familie Oppenheim" (Sem'ja Oppengejm) verfilmt. Nach der Unterzeichnung des deutsch-sowjetischen Nichtangriffspaktes im August 1939 wurde die Pro-duktion antifaschistischer Filme eingestellt. In den folgenden Jahren spiel-ten nur noch Heinrich Greif und Hans Klering als Schauspieler sowie der deutschösterreichische Regisseur Herbert Rappaport im sowjetischen Filmgeschäft eine Rolle.

3.3.1. Heinrich Greif und Hans Klering

Deutsche Schauspieler hatten aufgrund der Tatsache, dass sie meist mit starkem Akzent russisch sprachen, weder beim sowjetischen Theater noch beim Film große Chancen. Sie wurden hauptsächlich in Ausländerrollen, d.h. meist als Nazis oder Faschisten besetzt. Heinrich Greif und Hans Kle-ring hatten das Glück, sich bis zu ihrer Rückkehr nach Deutschland in der sowjetischen Filmindustrie halten und in mehreren Filmen mitspielen zu können. Dies ist dadurch bedingt, dass beide nicht von den Säuberungen betroffen waren. Klering war sogar das einzige Stammitglied der ehemali-gen Kolonne Links, das nicht verhaftet wurde.

Heinrich Greif, geboren 1907 in Dresden, lernte schon 1927 unter Piscator an der Deutschen Volksbühne. Er war Mitglied an allen Piscatorbühnen und ging auch 1931 mit dem Theaterregisseur in die Sowjetunion, um in der deutschen Version von „Der Aufstand der Fischer" mitzuspielen. Wie-der zurück in Berlin schloss er sich Wangenheims Truppe 1931 an. Erst

---

[109] Wolf hat in der UdSSR an einigen Drehbücher bzw. Drehbuchvorlagen gearbeitet, doch außer den beiden genannten wurde keines seiner Projekte realisiert. Eine Liste findet sich in der Broschüre „Filmexil Exilfilm Professor Mamlock" Dr2, Film-mappe Sign.13192.

1933 trat er in die KPD ein und ging nach dem Auftrittsverbot der Truppe 1931 mit dieser nach Paris. Als sie sich auflöste, kehrte Greif nach Deutschland zurück. 1934 wurde er von Wangenheim nach Moskau gerufen, um beim Aufbau des Deutschen Theaters Moskau dabei zu sein, doch als sich dieser Plan nicht verwirklichen ließ, nahm er ein Engagement am Schauspielhaus Zürich an. Dort spielte er in der deutschsprachigen Uraufführung des ursprünglich von Friedrich Wolf für die Truppe 1931 geschriebenen Stücks *Professor Mamlock*, die ihm von Wolf auf den Leib geschriebene Rolle des Naziarztes Dr. Hellpach. Schon Ende der zwanziger Jahr hatte sich gezeigt, dass Greif die Idealbesetzung für Nazirollen war, da er in seinem Erscheinungsbild genau dem idealisierten Typus des arischen Mannes entsprach. Er war groß, blond und schlank. Zu Greifs Unglück wurde er auf diese Rolle festgelegt. Er spielte sie derart überzeugend, dass beispielsweise in Zürich die Schauspielerin Mathilde Danegger nach der ersten Probe entsetzt fragte, woher man diesen „Saunazi" habe.[110] Auch der sowjetische Regisseur Michail Romm wusste derartiges zu berichten. Angeblich baten zwei Beleuchter des Films „Mensch Nr. 217" (Čelovek № 217) von der Arbeit entbunden zu werden, nachdem Greif dem Filmteam 1944 in SS-Uniform gegenübergestellt worden war.[111] Auch musste er, zu seiner eigenen Sicherheit, stets von zwei Kollegen begleitet werden, wenn er sich in seinem Kostüm auf dem Studiogelände der Mosfil'm aufhielt.[112]

1935 wurde er von Wangenheim abermals nach Moskau gerufen, um in dessen Film „Kämpfer" die Rolle des faschistischen „Bösewichts" zu spielen. Weil sich keine Möglichkeit zum Theaterspielen für ihn ergab, wurde er im selben Jahr Sprecher deutschsprachiger Sendungen des Moskauer Rundfunks. Er avancierte zum Chefsprecher, was er bis zu seiner Rückkehr nach Deutschland im Mai 1945 blieb. Neben dieser Tätigkeit, die ihm kaum Zeit ließ, spielte er in insgesamt sieben Filmen sowjetischer

---

[110] Trepte/Waak S.52 und SAdK, Berlin, Greif-Archiv, Sign. 126: Pincuk, L.: Genrich Grajf, aktër, poèt, kommunist.

[111] Trepte/Waak S.153ff.

[112] SAdK, Berlin, Heinrich-Greif-Archiv, Sign.126: Rentzsch, Egon: Heinrich Greif – Zum zwanzigsten Todestag.

Produktion mit, in denen er allerdings stets einen negativen, meist faschistischen Charakter verkörpern musste.[113] Anfang Mai 1945 ging er nach Deutschland zurück, war kurze Zeit Stadtrat für Volksbildung in Dresden und ab Juli Schauspieler am Deutschen Theater in Berlin unter Gustav von Wangenheim.[114] Er starb überraschend im Sommer 1946 nach einer Leistenbruchoperation. Sowohl in der DDR als auch in der UdSSR wurde er hochverehrt. Man benannte in beiden Ländern Schulen nach ihm und die DDR-Führung verlieh ab 1951 den Heinrich-Greif-Preis an verdiente Filmkünstler.

Hans Klering, geboren 1906 in Berlin und nach einer kaufmännischen Lehre arbeitslos, stieß, nach Mitarbeit bei anderen Agitpropgruppen, 1930 zur Kolonne Links, wo er auch als Plakatmaler beim Requisitenbau arbeitete. 1931 ging er mit der Gruppe in die UdSSR. Dort studierte er Graphische Kunst. Obwohl er kein ausgebildeter Schauspieler war, gelang es ihm relativ schnell, beim sowjetischen Film als Bühnenbildner und Darsteller unterzukommen. Bereits 1932/1933 konnte Klering in dem bei Mežrabpomfil'm gedrehten Streifen „Vorstadt" (Okraina) sein sowjetisches Filmdebüt als deutscher Kriegsgefangener geben. Seine zweite Rolle spielte er in dem 1933/34 gedrehten Stummfilm „Die königlichen Matrosen" über die britische Flotte. In diesem Film wirkten auch andere Mitglieder der Kolonne Links mit, u. a. Bruno Schmidtsdorf.[115] Nach Auflösung der Kolonne Links spielte Klering kein Theater mehr, sondern arbeitete zeitweise ebenfalls als Sprecher für den Moskauer Rundfunk und als Graphiker für verschiedene Verlage. Er wirkte in weit mehr Filmen mit als Greif, spielte aber, ebenso wie dieser, hauptsächlich Nationalsozialisten.[116] Nach Kriegsausbruch

---

[113] 1936 Sturmführer Eickhoff in „Kämpfer" (Borcy), 1937/38 von Virchow in „Ein Soldat kehrt von der Front zurück" (Šel soldat s fronta) und Oberst Felsen in „Reiter" (Vsadniki), 1940 Stefan Pototzki in „Bogdan Chmelnizki" (Bogdan Chmel'nickij), 1944 den Schweigsamen Kurt in „Mensch Nr. 217" (Čelovek № 217) und einen Beamten auf dem Arbeitsamt und bei der Gestapo in „Es geschah im Donbass" (Ėto bylo v Donbasse), 1945 „Vater und Kind" (Otcy i deti).

[114] Siehe auch die Lebensläufe Greifs im SAdK, Berlin, Greif-Archiv, Sign.151.

[115] Dies blieb aber, neben „Kämpfer", bis zu seiner Verhaftung sein einziger Filmeinsatz.

[116] Ein Teil der ungefähr dreißig Filme, in denen er mitwirkte, ist beschrieben in Waak-Ullrich S.596ff. Der Film „Regenbogen" (Raduga) von Mark Donskoj, in

musste er acht Monate in der Arbeitsarmee verbringen, konnte aber dann in den nach Kasachstan und Zentralasien verlegten sowjetischen Studios weiterhin Filme drehen. 1945 kehrte er nach Deutschland in den sowjetisch besetzten Sektor Berlins zurück. Er gehörte zu den Gründern der DEFA im April 1946. Hans Klering starb 1988.

---

dem Klering den deutschen Offizier Kurt Werner verkörpert, der als Kommandant in einem ukrainischen Dorf stationiert ist, erhielt 1944 den Oscar als bester ausländischer Film.

4. Deutsche Exilfilme

Im Handbuch der deutschsprachigen Emigration 1933-1945 werden Exilfilme folgendermaßen definiert:

> „Exilfilme sind Filme, die im Zeitraum von 1933-1950 im Exil entstanden und bei denen Exilanten mindestens zwei der wesentlichen Schlüsselpositionen (Produktion, Regie, Drehbuch) besetzten und die entweder thematischen Bezug nehmen auf die Gegenwart und/oder eine Fortsetzung der Filmarbeit in der Weimarer Republik darstellen."[117]

Laut dieser Definition sind in der Sowjetunion drei Exilfilme entstanden. Dabei handelt es sich um „Der Aufstand der Fischer" (Vosstanie rybakov 1934) von Erwin Piscator, „Kämpfer" (Borcy 1936) von Gustav von Wangenheim und „Professor Mamlock" (Professor Mamlok 1938) von Herbert Rappaport. Während die beiden letzten aufgrund ihrer Thematik klar antifaschistische Filme sind, die in Deutschland spielen, beschwört Piscators in seinem geographisch nicht näher lokalisierten Film die in jenen Jahren viel diskutierte Einheitsfront von Fischern, Matrosen, Kleinbürgern und Arbeitern gegen kapitalistische Ausbeuter. Der Faschismus wird in diesem Film nur kurz erwähnt. Regie und Drehbuch gehen in allen drei Fällen auf das Konto deutscher bzw. deutsch-österreichischer Emigranten. „Der Aufstand der Fischer" und „Kämpfer" wurden außerdem von der Mežrabpomfil'm produziert, die zu der international tätigen, bis 1933 in Deutschland ansässigen und von einem Deutschen gegründeten und geleiteten IAH gehörte.[118]

4.1. Der Aufstand der Fischer

Dieser Film ist als Exilfilm zu bezeichnen, weil Piscator das Drehbuch schrieb und Regie führte. Produzent war die Mežrabpomfil'm.

---

[117] Zitat aus: Asper S.960.

[118] Aus verständlichen Gründen kann in einem Land, in dem die Filmproduktionsmittel „in der Hand des Volkes sind", keine einzelne Person für die Produktion verantwortlich sein.

Die Dreharbeiten begannen bereits 1931, zogen sich allerdings aufgrund diverser Schwierigkeiten bis 1934 hin. Obwohl geplant war, den Film sowohl in einer deutschen Fassung mit deutschsprachigen Schauspielern, als auch auf russisch mit einem russischen Ensemble zu drehen, wurde die deutsche Fassung nicht vollendet.

4.1.1. Der Regisseur

Der Theaterregisseur und Schauspieler Erwin Piscator wurde 1893 in Hessen geboren. Man zog ihn 1915 als Soldat ein. Unter dem Eindruck der Kriegserlebnisse entwickelte er sich zu einem überzeugten Pazifisten und spielte ab 1917 an einem Fronttheater in Belgien. Zum Jahreswechsel 1918/19 trat er in den Spartakusbund ein, aus dem wenig später die KPD hervorging. Zwischen 1919 und 1931 gründete und/oder leitete Piscator verschiedene Theater, hauptsächlich in Berlin. So beispielsweise 1920 das Proletarische Theater, in dem er vorwiegend Stücke zeitgenössischer Autoren mit Themen zu aktuellen sozialpolitischen Fragen inszenierte. Es musste 1921 aufgeben. 1927 entzweite er sich wegen seines politischen Spielplans mit dem Vorstand der Berliner Volksbühne und gründete nacheinander die so genannte erste, zweite und dritte Piscatorbühne in Berlin. Doch jede einzelne musste wegen finanzieller Schwierigkeiten schließen. Durch die Vermittlung Willi Münzenbergs führte er schon im Sommer 1930 erste Gespräche mit der zur IAH gehörenden sowjetischen Filmgesellschaft Mežrabpomfil'm über sein erstes und einziges Filmprojekt. Das Medium Film war für Piscator kein absolutes Neuland. Schon während seiner zahlreichen Theaterinszenierungen, bei denen er neuartige bühnentechnische Hilfsmittel, wie beispielsweise Projektionen, Laufbänder und Etagenbühnen zum Einsatz brachte, hatte er mit Filmeinblendungen gearbeitet. Diese waren teilweise eigens für die Aufführungen von ihm gedreht worden und dienten als Einlagen oder Ausweitungen der Szenen.

Zwischen 1931 und 1934 drehte er den Film „Der Aufstand der Fischer". Nach Beendigung der Dreharbeiten blieb Piscator aufgrund der Machtergreifung Hitlers als Emigrant in der Sowjetunion. Am 1. November 1934

wurde er von den Deutschen ausgebürgert.[119] Er plante noch weitere Film-
projekte, doch keines konnte realisiert werden. Piscator wurde Ende 1934
zum Präsidenten des Internationalen Revolutionären Theaterbundes
(IRTB), russisch MORT (Meždunarodnoe ob'edinenie revoljucionnych
teatrov) ernannt, den er mit einer Reihe von Vorhaben zu reorganisieren
versuchte.[120] Außerdem kümmerte er sich seit Sommer 1935 um die Reorganisation des Deutschen Staatstheaters in Engels und plante desweiteren
dort den Aufbau eines Kulturkombinats. Mitte 1936 fuhr er im Parteiauftrag und in seiner Eigenschaft als Präsident des IRTB nach Paris, von wo
er, auf Wilhelm Piecks Rat hin, nicht mehr in die UdSSR zurückkehrte,
weil sich die Stimmung zu seinen Ungunsten verändert hatte und er mit
seiner Verhaftung rechnen musste.[121] Diese Warnung des KPD-Parteichefs
Pieck lässt sich vermutlich damit erklären, dass Piscator eng mit Piecks
Sohn Arthur im IRTB zusammenarbeite. 1939 emigrierte Piscator in die
USA und gründete in New York den Dramatic Workshop an der New
School for Social Research. Die bekanntesten Absolventen dieses
Workshops sind u. a. Marlon Brando, Harry Belafonte und Tony Curtis.
Als Piscator 1951 vor den „Ausschuss für unamerikanische Umtriebe" ge-
laden wurde, vermutlich wegen seines Aufenthalts in der UdSSR, über den
er sich in den USA meist ausschwieg, entzog er sich der Vernehmung
durch seine Rückkehr nach Westdeutschland. Er arbeitete wieder als Regis-
seur an verschiedenen deutschen Theatern und wurde 1962 Intendant der
Freien Volksbühne in Berlin, wo er 1966 starb.

---

[119] In der Piscator-Sammlung, Sign.11, befindet sich eine Liste des Reichsführers-SS
Chef des Sicherheitshauptamtes, die betitelt ist mit „Erfassung führender Männer
der Systemzeit". Unter dem Stichwort „Künstler" findet sich vom Juni 1939 eine
Seite über Piscator, in der er als Emigrant, Jude und berüchtigter kommunistischer
Theaterregisseur geführt wird. Die falsche Annahme, daß Piscator Jude gewesen
sei, leiteten die Nationalsozialisten vermutlich aus der Tatsache ab, daß Piscator in
den dreißiger Jahren auch am Jüdischen Theater in Moskau inszeniert hatte.

[120] Die konkreten Pläne sind nachlesbar in Jarmatz (1989) S.500ff.

[121] Der Wortlaut des Briefes Piecks vom 8. Oktober 1936 ist verzeichnet bei Diezel
(1989) S.489f. Pieck machte darin nur Andeutungen, wie, er habe sich genau nach
den Bedingungen des Engels-Projektes erkundigt und sei ganz entschieden dagegen, daß Piscator unter diesen Umständen nach Moskau komme. Piscator verstand
sofort, denn schon am 3. Oktober hatte ihm Reich zwei Worte nach Paris telegra-

Obwohl der Kaufmannssohn Piscator ein Kommunist der ersten Stunde gewesen war, stieß er mit seinen Inszenierungen in der Weimarer Republik immer wieder auf Ablehnung seitens der KP-Führung. In der *Roten Fahne*, dem Parteiorgan der KPD, wurden seine Aufführungen regelmäßig kritisiert oder gar abgelehnt.[122] Später wurde ihm von Genossen auch seine zeitweilige Zugehörigkeit zur linken Berliner Dada-Gruppe vorgeworfen, worin man eine Abweichung von der Linie der Partei sah.[123] In diesen Differenzen mit der Parteispitze liegt vermutlich auch die sich später gegen ihn wendende Stimmung in der UdSSR begründet. Was er im Laufe seiner Karriere tat, blieb den Sowjets nicht verborgen. Anlässlich eines Besuchs Piscators in Moskau erschien in der *Literaturnaja gazeta* 1929 ein Artikel über ihn. Neben einer Beschreibung seiner Arbeit, wurde auch über die Begrüßungsreden der zahlreichen ihn willkommenheißenden Vertreter der Moskauer Öffentlichkeit und der Moskauer Theater berichtet. Abschließend bemerkte der namenlose Verfasser des Artikels:

„(...) слабо позвучала во всех речах та товорищеская критика прошлых ошибок Пискатора, которая воочию показала бы ему, что за его работами у нас следят с должным и неослабным вниманием."[124]

4.1.2. Das Projekt „Aufstand der Fischer"

Ursprünglich sollte Piscator den Roman *Des Kaisers Kuli* von Theodor Plivier in Szene setzen, der vom Aufstand der Kieler Matrosen 1917/18 handelt. Eine dramatische Fassung dieses Stücks hatte Piscator bereits kurz zuvor in Berlin inszeniert. Eine der Aufführungen war von Willi Münzenberg besucht worden, der daraufhin eine Verfilmung des Stoffes in einer Koproduktion zwischen der deutschen Prometheus- und der sowjetischen Mežrabpom-Filmgesellschaft anregte. Im April 1931 reiste Piscator auf Einladung der Mežrabpomfil'm nach Moskau. Das Plivierprojekt wurde

---

fiert: „Nicht abreisen", obwohl er ihn vorher gebeten hatte, er möge dringend zurückkommen. Siehe Boeser/Vatkova S.17.

[122]   Goertz S.32f, 41f, 63, 72, 77ff.

[123]   Goertz S.26.

[124]   „(...) in all diesen Reden hört man nur schwach die freundschaftliche Kritik an früheren Fehlern Piscators heraus, die ihm gezeigt hätte, daß man seine Arbeiten bei uns mit gebührender und sich nicht vermindernder Aufmerksamkeit verfolgt." Zitat aus: „Érvin Piskator v Moskve", SAdK, Berlin, Piscator-Sammlung, Sign.236.

allerdings zugunsten der Novelle *Der Aufstand der Fischer von St. Barbara* von Anna Seghers aufgegeben.[125] Die Idee zu dem Seghersstoff kam von Piscator. Die Prometheus-Filmgesellschaft hatte die Filmrechte bereits erworben. Ursprünglich war für diesen Stoff ein anderer Regisseur vorgesehen. Weshalb Piscator den Zuschlag erhielt ist unbekannt.[126]

Piscator erwähnte in einem Brief vom Mai 1931 lediglich, er mache jetzt, als eine Art Experimental- und Lehrfilm für sich selbst, den Fischerfilm der Seghers, nachdem ein anderes Filmprojekt wegen gewisser Schwierigkeiten unmöglich geworden sei. Damit ist höchstwahrscheinlich das Plivierprojekt gemeint.[127]

4.1.3. Produktionsbedingungen

Zusammen mit dem Russen G. Grebner und der Lebensgefährtin Rappaports Anna Gmeyner (Künstlername Wiesner) schrieb Piscator das Drehbuch. Ihr Name taucht allerdings im Vorspann des Films nicht auf. Da Piscator kein Russisch sprach, bot er der Lettin Asja Lacis an, bei ihm als Regieassistentin und Dolmetscherin zu arbeiten. Lacis war Anfang der zwanziger Jahre als Schauspielerin und Regisseurin in Deutschland tätig gewesen und absolvierte Anfang der dreißiger Jahre an der Moskauer Filmhochschule ein Filmstudium. Sie lebte mit dem seit Mitte der zwanziger Jahre in Russland arbeitenden deutschen Regisseur und Theatertheoretiker Bernhard Reich zusammen und kannte Piscator aus ihrer Zeit in Berlin. Lacis arbeitete nach eigenen Angaben etwa eineinhalb oder zwei Jahre an dem Film mit.[128] Im Vorspann des Films taucht außerdem Michail Doller als Ko-Regisseur auf. Doller arbeitete seit den zwanziger Jahren hauptsächlich mit dem Regisseur Vsevolod Pudovkin in einem Regie-Tantem zusammen. Diese Zusammenarbeit währte bis zu Pudovkins Tod 1953. Regie-Tandems

---

[125] Laut Kuhlbrodt S.217, weil die Sowjets diplomatische Interventionen des Deutschen Reichs fürchteten. Dies deckt sich mit Piscators Angaben in Nöldechen S.70. Goergen zufolge hatte die Paramount den Stoff bereits angekauft (S.3 und 18), weswegen er letztendlich nicht mehr verwendet werden durfte.

[126] Goergen S.3.

[127] SAdK, Berlin, Piscator-Sammlung, Sign.21, Brief an Franz Jung in Berlin-Lankwitz vom 17. Mai 1931.

[128] Lacis S.74.

waren vor allem während der Stummfilmzeit weit verbreitet.[129] Bei den ausländischen Regisseuren liegt die Vermutung nahe, dass ein sowjetischer Regisseur ihnen vielleicht helfen sollte, sich zurecht zu finden, andererseits sich aber durch ihn die Arbeit besser kontrollieren ließ. Wie viel Anteil Doller an „Der Aufstand der Fischer" hatte, lässt sich nicht sagen, da seine Arbeit in der Literatur und bei Piscator nicht erwähnt wird. Diese sowjetische Praxis der Ko-Regie wurde auch bei den anderen beiden Exilfilmen angewandt.

Als Drehort für den Film wurde Odessa bestimmt. In Murmansk studierte Piscator einige Zeit auf Fangschiffen die Technik des Fischens und drehte hier verschiedene Szenen ohne Schauspieler. Auch in Moskau wurden einige Szenen gedreht.

Für den Film standen eine deutsche und eine russische Schauspielertruppe zur Verfügung, da zwei Versionen gedreht werden sollten. Nachdem Piscator in Murmansk gewesen war, hielt er sich Ende Juli 1931 in Berlin auf, um die Besetzungsfrage zu klären. Er verpflichtete insgesamt vierzehn deutsche Schauspieler. Diese hatten teilweise schon mit Piscator an seinen verschiedenen Berliner Theatern gearbeitet. Es waren u. a. Paul Wegener, Lotte Lenya, Lotte Loebinger und Heinrich Greif. Neben den sowjetischen Schauspielern, unter denen sich auch Piscators Moskauer Lebensgefährtin Vera Janukova[130] befand, wirkten bei den Massenszenen bis zu 1200 Fischer als Statisten mit.

Aufgrund verschiedener Schwierigkeiten zogen sich die Dreharbeiten 3 Jahre lang hin und konnten erst 1934 abgeschlossen werden. Die Beschaffung von Ausrüstung und Requisiten erwies sich als problematisch. Auf fehlendes oder benötigtes Material musste man wochenlang warten.[131]

---

[129] Auch Eisenstein arbeitete mehr als zehn Jahre lang mit Aleksandrov als Duo, siehe Engel S.24.

[130] Sie spielt die Rolle der ordinären und geschäftstüchtigen Hure Maria. Mit ihr lebte Piscator stets nur im Hotel, weil auch er keine Wohnung in Moskau besaß, siehe Reich S.344.

[131] Piscator warf den Russen 1960 in dieser Beziehung Interesselosigkeit und Schlamperei vor, siehe Nöldechen S.70.

Aufbauten wurden daher nicht rechtzeitig fertig, wodurch es immer wieder zu Unterbrechungen der Dreharbeiten kam.

Hinzu kam, dass ein Atelierbrand in Moskau kostbare Dekorationen zerstörte. Einmal wurde durch ein Unwetter der Set in Odessa zerstört und oft konnte wegen des Wetters nicht gedreht werden.[132] Waack berichtet ferner, Piscator sei durch seine Theaterarbeit ans „Ausprobieren, Verwerfen und Neumachen" gewöhnt gewesen und habe deswegen Produktionstermine und Kostenplanung überzogen.[133]

Ende 1931 kehrte Piscator kurzzeitig nach Deutschland zurück. Hierauf kam es zu allerlei Gerüchten und Spekulationen für den Grund dieser Rückkehr, so dass am 11. November 1931 in der *Welt am Abend* der Artikel „Der Fall Piscator – Eine Richtigstellung" erschien. Darin teilte die Gesellschaft Mežrabpomfil'm Moskau mit, dass sich die Produktion des Films „Der Aufstand der Fischer" aufgrund eines Atelierbrands verzögere und dass Piscator durch ungünstiges Wetter sowie die Tatsache, dass der Schauspieler Wegener einen Vertrag in Darmstadt antreten müsse, zu einer Unterbrechung der Dreharbeiten gezwungen worden sei. Er werde am 1. Januar 1932 nach Moskau zurückkehren und die weiteren Aufnahmen, die im März begännen, vorbereiten. Die deutschen Schauspieler seien ab März 1932 für zwei weitere Monate verpflichtet worden, um die Dreharbeiten zu beendigen.[134]

Schon am 4. November 1931 war in der Zeitschrift *Tempo* ein Artikel erschienen, in dem sich Piscator beklagte, das Filmatelier in Odessa sei nicht einsatzbereit gewesen und hätte noch in Anwesenheit der Filmcrew für den Tonfilm umgebaut werden müssen. Außerdem kritisierte er die russische Vorgehensweise, vor jeder Arbeit alles bis ins Kleinste ausarbeiten und durchsprechen zu müssen.[135]

---

[132] Siehe zu all diesen Widrigkeiten Hermann S.57, Reich S.334, Lacis S.74f, Goergen S.20.

[133] Waack S.502.

[134] SAdK, Berlin, Piscator-Sammlung, Sign.236.

[135] SAdK, Berlin, Piscator-Center, Sign.331: Anonym: Piscators Heimkehr – Russische Erinnerungen.

Anlässlich der Wiederaufführung des Films 1960 gab Piscator weitere Anekdoten der Dreharbeiten zum Besten. Das Fischerdorf, das am Strand von Odessa aufgebaut werden sollte, wurde zwischen Frühjahr 1931 und Winter 1931/32 nicht fertig. Ein Jahr später fehlten die Nägel:

> „Sie auf legalem Weg zu beschaffen, hätte Monate gedauert. Illegal kosteten sie 70.000 Rubel. Wer sie illegal gekauft hätte, wäre ins Gefängnis gekommen. Mit einer Ausnahme. Ich fragte also, was der weitere Zeitausfall an Unkosten mit sich bringen würde. Man sagte 290.000 Rubel. Ich unterschrieb..."[136]

Ferner berichtete Piscator, dass er abends immer das Mikrophon der Tonanlage mit ins Hotel nehmen musste, weil es sonst von einer anderen Produktionsgruppe gestohlen worden wäre.[137]

Auch die deutsche Schauspielerin Lotte Lenya hatte anekdotisches zu berichten:

> „Wir hockten in Moskau, warteten und warteten und warteten. Schließlich fragten wir Piscator, wann wir nun nach Odessa führen, wo die Dreharbeiten beginnen sollten. ,Es kann jeden Tag soweit sein', sagte er. ,Das Papier für das Drehbuch ist ihnen ausgegangen.' Wir warteten also, bis man uns eines Tages sagte, das Papier sei jetzt da. ,Es raucht sich wunderbar', verkündeten die russischen Mitglieder unseres Teams. Sie hatten es zum Zigarettendrehen hergenommen! Wir führen nach Odessa und hatten immer noch kein Drehbuch."[138]

Piscator besaß eine geradezu hypnotische Kraft, andere für seine Arbeit zu begeistern und sie für sich einzuspannen. Die Entwürfe für das Fischerdorf, das der sowjetische Architekt Kaplunovskij an der ukrainischen Schwarzmeerküste bei Odessa bauen sollte, gefielen Piscator nicht.[139] Als nun Piscators alter Freund, der Photomonteur und Bühnenbildner John Heartfield nach Odessa kam, um ihm auf seinem Weg von Moskau nach Berlin, wo Verpflichtungen auf ihn warteten, einen Kurzbesuch abzustatten, ließ er sich von Piscator dazu überreden zu bleiben und eine neue Stadt mit Speichern, Kneipe, Kirche und Friedhof zu entwerfen. Zwei Wochen arbeitete er intensiv mit dem Regisseur an dem Plan und erst danach überfiel ihn an-

---

[136]   Zitat aus: De Haas, Helmut: Aufruf an die Bürger: Endlich in der BRD: Piscators „Fischer von St. Barbara", SAdK, Berlin, Piscator-Center, Sign.331.

[137]   Nöldechen S.70.

[138]   Zitat aus: Spoto S.128f.

[139]   In seinen Arbeitsnotizen zum Drehbuch (SAdK, Berlin, Piscator-Center, Mappe 1, Sign.693) ist außerdem nachzulesen, daß das Dorf immer wieder zusammenstürzte.

gesichts dieser unbeabsichtigten Arbeitseinlage und seiner Berliner Verpflichtungen eine gewisse Verzweiflung:

> „Mensch, was hast Du mir angetan?! Ich habe doch einen Vertrag in Berlin! Das bringt mich ins Gefängnis!"[140]

Die Stadt wurde gebaut und wenig später durch ein Unwetter komplett zerstört.

In Moskau begann man bereits Witze über Piscator zu machen, weil er in der entbehrungsreichen damaligen Zeit mit absurd anmutenden Forderungen an die Filmgesellschaft herantrat. So forderte er für die Beerdigungsszene des ermordeten Fischers sofort 500 Zylinder und 500 altmodische Fräcke, aber aus gutem Tuch, um die Statisten einzukleiden. Man bemühte sich, seine Wünsche zu erfüllen und lieferte genug Zylinder und Fräcke, um die Szene drehen zu können.[141]

Durch die zahlreichen Zeitverzögerungen kam es zu terminlichen Problemen mit den deutschen Schauspielern. Einige mussten schließlich aufgrund anderweitiger Verpflichtungen endgültig abreisen. Zu Beginn des Jahres 1933 fiel die Entscheidung, dass der Film nur noch auf Russisch gedreht werden sollte. Piscator erhob Einspruch dagegen. Seiner Meinung nach war der Film durch die Machtergreifung Hitlers sinnlos geworden.[142] Von der deutschen Fassung ist angeblich nichts erhalten geblieben.[143]

Piscator hatte aber nicht nur Materialprobleme, auch mit dem technischen Personal und den Schauspielern war es nicht einfach zu arbeiten. Die sowjetischen Kameraleute, die sich den Errungenschaften des sowjetischen Stummfilms verpflichtet fühlten, weigerten sich, von Piscator gewünschte Kamerabewegungen auszuführen. Als er sich hilfesuchend an Eisenstein wandte, stimmte dieser dem technischen Personal zu. Die Kamera stehe fest und dürfe sich nicht bewegen. Piscator setzte trotzdem Kamerafahrten und Zooms durch:

---

[140] Zitat aus: Lacis S.75.

[141] Lacis ebd.

[142] SAdK, Berlin, Piscator-Center, Mappe 1, Sign.693: Arbeitsnotizen zum Drehbuch.

[143] Willett S.85.

„Aber wir besorgten uns einen LKW, eigentlich nur vier Räder, von denen eines platt war, so daß wir schaukelten wie auf einem Schiff."[144]

Die sowjetischen Schauspieler entstammten verschiedenen Schulen mit verschiedenen Methoden (Stanislavskij, Mejerchol'd, Tairov, Theater der Revolution, etc.). Dies bereitete mitunter Schwierigkeiten und hielt den Betrieb auf. Piscator beschreibt in seinen Arbeitsnotizen zum Drehbuch beispielsweise den Schauspieler Aleksej Dikij, der die Hauptfigur Kedennek verkörpert. Seine Methode entstammte der Schule des Schauspielers, Regisseurs und Theoretikers Stanislavskij. Laut Piscator hielt Dikij ihn 5 Tage lang auf, weil er „es nicht fühlte".[145]

Angeblich brachte Piscator die Mežrabpomfil'm an den Rand des Bankrotts, weil „Der Aufstand der Fischer" der teuerste Film in ihrer Geschichte wurde. Die Studioleitung versuchte mehrmals vergeblich, die Dreharbeiten zu stoppen. Da die IAH aber auf der Beendigung des Films bestand, um einen politischen Skandal in Deutschland zu vermeiden, musste man Piscator gewähren lassen.[146] Auch Rodenberg schreibt, Piscator habe stets tausend Pläne gehabt, bis er einen verwirklichte und verbrauchte, weil er nicht auf Sparsamkeit achtete, den größten Teil des jährlichen Produktionsbetrages. Daher fuhr Rodenberg mindestens einmal in seiner Eigenschaft als Produktionsdirektor nach Odessa, um die Ausgaben zu stoppen.[147]

Ein Bericht der Direktion der Mežrabpomfil'm an die Komintern vom 2. Oktober 1931 schildert detailliert die Schwierigkeiten und Unstimmigkeiten, die zwischen Piscator und den Studioverantwortlichen schon in dieser frühen Phase der Dreharbeiten herrschten. Piscator drohte bei Nichterfüllung seiner zahlreichen Forderungen nach Personal, Gehalt und Ausrüstung jedes Mal mit Abbruch der Dreharbeiten, verbat sich aber gleich-

---

[144] Zitat aus: De Haas, Helmut: Aufruf an die Bürger, SAdK, Berlin, Piscator-Center, Sign.331.

[145] Siehe SAdK, Berlin, Piscator-Center, Sign.693.

Nach dem Stanislavskij-System muß der exakte Vollzug äußerer Handlungen mit dem intensiven Durchleben der Rolle und dem Eindruck von Natürlichkeit und Glaubhaftigkeit einhergehen.

[146] Bulgakowa S.186.

[147] Rodenberg S.114.

zeitig jede Einmischung in seine Arbeit. Bereits zu diesem Zeitpunkt war die Mežrabpomfil'm bereit, beim nächsten Zusammenstoß mit Piscator, das ganze Projekt zu stoppen und erbat sich hierzu eine Stellungnahme von der Komintern. Bis dahin waren schon 300.000 Rubel für den Film ausgegeben worden.[148] Dies ist natürlich ein einseitiger Bericht und es lässt sich schwer einschätzen, wie viel von Piscators kapriziösem Verhalten der Wahrheit entsprach. Fakt ist, dass die Zusammenarbeit auch in den folgenden drei Jahren fortgeführt wurde und der Film schließlich beendet werden konnte. Allerdings dürften diese Erfahrungen den Willen der Mežrabpomfil'm, weitere Filme mit dem Regisseur Piscator zu drehen, erheblich gemindert haben.

4.1.4. Inhalt des Films

Es wird der Streik der Matrosen auf den Fangschiffen des Reedereibesitzers Bredel geschildert. Er beginnt aus Protest gegen Arbeitsverschärfung und Ausbeutung. Den Leuten wird der vierte Mann gestrichen. Nun müssen drei Matrosen die Arbeit von Vieren erledigen. Das Tempo beim Ausnehmen der Fische ist mörderisch. Dabei verletzt sich einer schwer an der Hand. Eine Entschädigung wird ihm verweigert. Als Bredel den vierten Mann auch weiterhin einsparen will und außerdem, mit Zustimmung der Gewerkschaft, auch noch den Lohn kürzt, weil angeblich eine allgemeine Krise herrscht und alle an der Küste für weniger arbeiten, kommt es zum Streik. Die Matrosen des Hauptortes San Sebastian beschließen, sich mit den Fischern der Küste zu vereinigen. Dazu schicken sie ihrem Wortführer, den Matrosen Hull, der im Vorspann als Mitglied der revolutionären Gewerkschaft vorgestellt wird, in die einzelnen Dörfer, um die armen Leute für ihren Streik zu gewinnen. Bredel und der Kommandant von San Sebastian fürchten, dass die Matrosen die gesamte Küste aufwiegeln und auch die Fischer streiken könnten. Sie lassen Soldaten in die Stadt einmarschieren. Bredel folgt Hull nach Santa Barbara und als dieser in der Kneipe von Desak vom Streik berichtet, taucht Bredel auf und bietet den armen Fischern 100 % mehr Geld für den nächsten Fang. Alle gehen auf dieses An-

---

[148] Chochlowa S.202ff, (Dokument: Mežrabpomfil'm am 2. Oktober 1931 an die Komintern).

gebot ein und Hull, der von der aus San Sebastian stammenden Hure Maria verhöhnt wird, muss seine Niederlage eingestehen. Mittlerweile hat Bredel es geschafft seine Trawler mit Streikbrechern wieder auf See zu schicken. Daher zahlt Bredel den Fischern nicht die versprochene 100 % Zulage, was er ohnehin nie vorhatte. Die Fischer randalieren daraufhin und suchen Bredel, der sich vom Pastor verleugnen lässt und mit Soldaten wiederkommen will, um dann mit den Leuten zu sprechen. Fischer aus allen Dörfern versammeln sich abends bei Desak, um sich zu beraten. Dabei treten verschiedene Positionen zu Tage. Neben dem revolutionären Hull spricht auch der gemäßigtere Kerdhuys, der glaubt, mit Bredel als Mensch vernünftig reden zu können. Er wird später zum Anführer der Streikbrecher. Ein Nationalsozialist in bürgerlicher Kleidung will, um zu verhindern, dass Bredel einfach seine Fische im nahen Ausland kauft, die Grenzen schließen und die Preise unter nationale Kontrolle stellen. Er wird von den Fischern verlacht. Hull hält beide Positionen für nicht annehmbar, weil in beiden Fällen die Fischer die Verlierer sein würden. Mehr noch, die faschistische Diktatur würde sie sogar mit Haut und Haar verschlingen. Der Fischer Kedennek schlägt daraufhin vor, Bredel einfach umzubringen. Hull hingegen versucht die Fischer zu überzeugen, dass sie sich mit den Matrosen zusammen organisieren müssen. Plötzlich bricht ein Feuer aus und treibt die Versammlung auseinander. Ob dieses von Bredel oder dem aus der Kneipe geworfenen Nationalsozialisten gelegt worden ist, bleibt unklar. Auf dem Jahrmarkt treffen sich noch einmal die Fischer von Santa Barbara, die streiken wollen und die Streikbrecher aus ihrem und den anderen Orten, die am nächsten Morgen rausfahren wollen. Kedennek, der erst gegen und nun voll für den Streik ist, beschließt, die Streikbrecher mit einigen Männern aufzuhalten, allerdings dürfe Hull nichts davon wissen. Am nächsten Morgen treffen die beiden Gruppen aufeinander, dabei rammt Kedennek Kerdhuys ein Messer in den Rücken. Soldaten marschieren auf und während Kedennek noch mit dem nur leicht verletzten Kerdhuys diskutiert, wird er von einem Soldaten erschossen. Sein Tod vereinigt Matrosen und Fischer der ganzen Küste zu einem langen Trauerzug. Auch Kerdhuys hat sich nun den Streikenden angeschlossen. Am Rande der Beerdigung brechen die Streikbrecher zur Ausfahrt auf. Ihnen schließt sich der junge Andreas an, der sich in die Hure

Maria verliebt hat. Maria beschimpft ihn als Verräter. Sie weiß nicht, dass er eine Bombe an Bord des Schiffes schmuggeln will, um die Streikbrecher aufzuhalten. Der Pastor hält eine reaktionäre Rede am Grab, in der er die Soldaten als Vertreter der von Gott gegebenen Ordnung preist. Während seiner Rede werden in Parallelmontage die Soldaten gezeigt, die auf der Suche nach dem Revolutionär Hull das Dorf verwüsten, in Desaks Kneipe eindringen, Maria vergewaltigen und töten. Kedenneks Frau stürzt sich am Grab auf den Pastor und zerfetzt die Bibel. Andreas sprengt das Schiff der Streikbrecher und rettet sich an Land. Er wird von den Soldaten gejagt. Bevor ihm die losstürmenden Fischer helfen können, nicht ohne zuvor ihre Fräcke und Zylinder ordentlich über die Grabkreuze gehängt zu haben, wird er erschossen. Der Aufstand bricht los. Kedenneks Frau stürzt sich ebenfalls in die Schlacht und sticht in rasender Wut auf einen Soldaten ein. Es gelingt den Fischern Geschütze zu erobern und die Soldaten in die Flucht zu schlagen. Am Ende folgt auf die Frage Kerdhuys, was sie nun tun sollen, die Antwort Hulls:

> „Борьбу за хлеб превратите в борьбу за власть! (...) Мы вам поможем! Единый фронт пролетариев морей!"[149]

Piscator veränderte in seinem Drehbuch den Schluss der literarischen Vorlage nicht unwesentlich, indem er Streik und Aufstand, ganz im Sinne der Partei, erfolgreich enden lässt. Anna Seghers beschrieb außerdem ausführlich das Elend der Fischer. Der Schwerpunkt Piscators liegt dagegen auf der Darstellung der Entwicklung der Volksfront gegen die Ausbeuter.

In Anlehnung an die sowjetischen Stummfilme verarbeitete Piscator die Montageprinzipien russischer Regisseure wie Eisenstein, daher ist der Film den Revolutionsepen der zwanziger Jahre sehr ähnlich. Piscator nutzt schnelle Schnitte, besonders in den Anfangsszenen, die die Matrosen beim Ausnehmen der Fische zeigen und in den Schlachtszenen am Ende, und verwendet viele Groß- und Detailaufnahmen von Gesichtern oder geballten Fäusten. Diese wechseln abrupt mit Totalaufnahmen. Auch die Parallelmontage findet bei ihm Verwendung. Für die Massenszenen, etwa den sich

---

[149] „Verwandelt den Kampf um Brot in einen Kampf um die Macht! (...) Wir helfen Euch! Die Einheitsfront der Proletarier der Meere!"

über Kilometer durch die Berge schlängelnden Trauerzug oder die Kampf-szenen, bot er bis zu 1200 Statisten auf. Wie in den Montagefilmen der zwanziger Jahre ist auch bei Piscator die Masse der Held, die äußere Kräfte spalten und zerstören wollen, in diesem Fall die Kapitalisten mit Militär und Kirche als Helfershelfern. Doch die Spaltung wird überwunden und die Masse kann sich wiedervereinigen. Neu war, dass Piscator die Geräusche der Schiffe mit Worten, Sprechgesängen und Chören durchsetzte. Er ließ lange Diskussionen ungeschnitten und fuhr dabei auf die Sprechenden zu, nutzte also die Montageprinzipien nur da, wo es ihm zweckmäßig erschien. Außerdem verwendete er erstmals die so genannte verschrägte Kamera, die bislang dem französischen Regisseur Julien Duvivier zugeschrieben wurde. Piscator veranschaulichte dadurch den Alkoholspiegel der Betrunkenen in der Barszene während des Jahrmarktes. Obwohl es sich um einen der ersten Tonfilme in der UdSSR handelte, setzte Piscator zusätzlich die in Stumm-filmen üblichen Zwischentitel zur Erläuterung der Handlung ein. Piscator filmte sehr schöne Landschaftsaufnahmen und das Fischerdorf wirkt mit seinen zusammengedrängten, schmalen und hohen Häusern fast roman-tisch.

Unter den Fischern sind alle politischen Typen vertreten. Als Film, der die Einheitsfront zwischen Fischern und Matrosen verschiedener Überzeugun-gen propagiert, vereinigt er Hull als idealtypischen Vertreter der Partei, der den richtigen Weg kennt, mit dem gemäßigten, die sozialdemokratische Position vertretenden Kerdhuys, der auf Verständigung und das Einlenken des Reeders in Verhandlungen hofft. Kerdhuys sieht ein, dass nur Hulls revolutionäre Position die richtige ist und schließt sich ihm an, weil sie nur zusammen etwas bewegen können.

Der individuell-anachistische Alleingang Kedenneks, der das Problem oh-ne Hulls Wissen mit Gewalt lösen will, scheitert, weil er sinnlos ist. Ge-nauso verhält es sich mit der Geheimaktion des naiven Andreas. Beide be-zahlen mit ihrem Leben.

4.1.5. Aufführung des Films

Der Film wurde am 5. Oktober 1934 in Moskau uraufgeführt. Ob er dem breiten sowjetischen Publikum zugänglich gemacht wurde, läßt sich nicht klären. Piscator äußerte 1934 einem tschechischen Journalisten gegenüber, der Film sei bereits kurz vor seiner Abreise aus Moskau gezeigt worden und habe Erfolg gehabt.[150] Die *Deutsche Zentralzeitung* berichtete am 12. Oktober 1934 über eine am 10. Oktober im Lichtspielhaus des Moskauer Zentralen Kulturparks stattgefundene Sondervorführung vor geladenen Gästen. Hierbei handelte es sich um Betriebsvertreter, Bühnenkünstler, Filmfachleute und Journalisten. Es wird ausdrücklich darauf hingewiesen, dass es eine Sondervorführung des gegenwärtig in Moskau laufenden Piscator-Tonfilms „Der Aufstand der Fischer" war. Es handelte sich um eine positive Kritik, die auf den Aktualitätswert des Films angesichts der Ereignisse in Spanien aufmerksam macht.[151]

Auch die westeuropäische Zeitschrift *Das Neue Tagebuch* brachte im Februar 1935 eine Rezension des Films, der in Zürich geladenen Gästen vorgeführt worden war. Diesem Bericht zufolge lief der Film zu dem Zeitpunkt in der Sowjetunion, obwohl er von einem Teil der sowjetischen Kritik scharf abgelehnt wurde. In Europa sei er bislang noch nicht gezeigt worden.[152]

Laut Hilchenbach lief der Film dagegen nur einmal bei seiner Uraufführung in einer geschlossenen Vorstellung. Er wurde erst 1937 in Paris wieder gezeigt. Auch Goertz berichtet, der Film sei nie in öffentlichen Kinos gelaufen. Und während Waack schreibt, der Film habe sehr großen Erfolg gehabt, bescheinigt ihm Reich, als Zeitzeuge, bei Publikum und Presse nur einen Achtungserfolg. Er begründet dies damit, dass der Film in der Tradi-

---

[150] SAdK, Berlin, Piscator-Sammlung, Sign.199, „Rozmluva s Piskatorem" (Gespräch mit Piscator). In diesem während eines Pragurlaubs Piscators geführten Gespräch bittet der Interviewer, ihm etwas über den Film mitzuteilen, weil er nicht wisse, ob man ihn in seinem Land jemals zu sehen bekommen werde.

[151] SAdK, Berlin, Piscator-Sammlung, Sign.151: Huppert, Hugo: Ein Filmwerk von der Einheitsfront – Zur Uraufführung des Tonfilms „Aufstand der Fischer" von E. Piscator.

[152] SAdK, Berlin, Piscator-Sammlung, Sign.151: Koestler, Arthur: Piscators Fischer von Sankt Barbara.

tion der Revolutionsfilme, wie etwa „Panzerkreuzer Potëmkin", gestanden habe. Die Zeit dieser Filme über den gesellschaftlichen Kampf sei aber 1934 bereits vorbei gewesen. Die Menschen hatten nun andere Interessen und sehnten sich nach Darstellung individueller menschlicher Beziehungen inklusive Liebe, Freundschaft und Hass.[153] Piscator selbst war der Meinung, der Film habe seinen Zweck verfehlt, weil er erst nach Hitlers Machtergreifung fertig wurde:

> „Politische Kunst kann nur vorausschauend gemacht werden. Wird sie gezwungen, hinterherzuhinken, verliert sie ihre Spannung, ihren Sinn, ihre Größe, ja sogar die menschliche Unmittelbarkeit."[154]

Schon am 22. Mai 1934, also, bevor der Film (vermutlich) in die Kinos kam, erschien in der sowjetischen Zeitschrift *Kino* unter dem Titel „Früchte des Separatismus" ein Artikel des Schriftstellers Osip Brik, in dem er den Film verriss. Er sei zu klischeehaft, zu pathetisch, zu lang, voller Theatereffekte und weit unter dem kulturellen Niveau des sowjetischen Zuschauers. Hierfür macht Brik allerdings nicht den talentierten Piscator, sondern einzig und allein die Leitung der Mežrabpomfil'm verantwortlich, die zu selbstsicher und borniert sei und Piscator nicht zu lenken gewusst habe. Indirekt wird hier behauptet, dass dies nicht passiert wäre, hätte die staatliche Behörde Sojuzkino die Möglichkeit gehabt, mitzureden.[155] Man kann annehmen, dass Brik diesen Angriff auf die Mežrabpomfil'm mit der Billigung staatlicher Stellen führte. Der Film wurde also nicht kritisiert, weil er an sich schlecht war, sondern weil man das Studio als zu unabhängig, dabei unkontrollierbar und unfähig diskreditieren wollte. In der *Izvestija* erschien am 10. Juni 1934 eine Antwort auf diesen Artikel, in dem namhafte Regisseure der Mežrabpomfil'm, unter ihnen Vsevolod Pudovkin und Boris Barnet, den Piscator-Film verteidigten.[156]

---

[153] Hilchenbach S.67, Goertz S.91, Waack S.500, Reich S.336.

[154] Zitat aus: Goergen S.12.

[155] Zum genauen Wortlaut des Artikels siehe Bulgakowa S.217f.

[156] Bulgakowa S.218.

4.1.6. Wiederentdeckung des Films

Der Film geriet in Vergessenheit. Auf seinen späteren Asylstationen in Frankreich und den USA verschwieg Piscator ihn aus politischen Gründen. Seine westdeutsche Erstaufführung erlebte er erst im Rahmen der VI. Westdeutschen Kurzfilmtage in Oberhausen Ende Februar 1960, nachdem der Leiter der Filmtage, Hilmar Hoffmann, den verschollen geglaubten Film in der Cinematheque Belgique in Brüssel entdeckt hatte. Piscator war während der internen Vorführung am 28. Februar 1960 anwesend, machte allerdings den Eindruck eines Mannes, der seinem Frühwerk zurückhaltend gegenüber stand.[157] Vorher hatte er dem Journalisten Peter Nöldechen in einem schriftlichen Interview mitgeteilt :

„Die Kopie des Films, die ich sah, ist so ungeheuer schlecht, daß ich – wenn ich die Macht dazu hätte – sie verbieten würde."[158]

Am 4. März 1960 wurde der Film dann im „Apollo-Kino" in Oberhausen öffentlich aufgeführt. Später wurde er in verschiedenen Filmclubs gespielt, u. a. in Hannover, Heidelberg, Osnabrück, Witten und Wuppertal. Dem breiteren Publikum wurde er 1965 im westdeutschen Fernsehen gezeigt.[159] Die ostdeutsche Erstaufführung fand 1965 statt und im ostdeutschen Fernsehen war der Film erstmals 1975 zu sehen.[160]

„Aufstand der Fischer" ist angeblich nur noch fragmentarisch erhalten. 700 Meter sollen im Vergleich zur Uraufführung in Moskau fehlen.[161]

Im Filmarchiv des Bundesarchivs in Berlin gibt es zwei Fassungen des Films. Hierbei handelt es sich einmal um eine etwa 75 Minuten lange Version und um eine Fassung, die etwas kürzer ist, da einige Szenen fehlen. Gesichtet wurde für diese Arbeit die längere Version auf Videokassette in russischer Sprache mit teils englischen, teils dänischen Untertiteln und russischen Zwischentiteln. Diese Fassung wurde so zusammen geschnitten,

---

[157] SAdK, Berlin, Piscator-Center, Sign.331: Seuren, Günter: Piscator oder die Masse als Held.

[158] Zitat aus: Nöldechen S.70.

[159] Kuhlbrodt S.216.

[160] Goergen S.4.

[161] Goergen S.3, der ebenfalls 1993 die Kopien im Bundesarchiv sichtete.

dass man anhand des logischen Verständnisses nicht sagen kann, dass der Film nicht mehr vollständig ist.

4.2. Professor Mamlock

Über die Umstände dieses Films ist am wenigsten bekannt. Er wurde nur in einer russischen Version mit sowjetischen Schauspielern und einem sowjetischen Produktionsteam gedreht. Herbert Rappaport führte Regie und schrieb zusammen mit Friedrich Wolf das Drehbuch. Produziert wurde der Film von der sowjetischen Gesellschaft Lenfil'm.

4.2.1 Der Regisseur

Herbert Rappaport wurde 1908 in Wien geboren. Nach einem Jurastudium arbeitete er ab 1928 zunächst als Filmjournalist in Deutschland. Später war er in Berlin als Regieassistent und Cutter tätig. Er assistierte dem österreichischen Regisseur Georg Wilhelm Pabst u. a. 1931 bei dem Film „Kameradschaft" und 1932 bei „Die Herren von Atlantis". Er versuchte sich außerdem, neben der Regieassistenz, als Musikassistent bei der Dreigroschenoperverfilmung von Pabst aus dem Jahr 1931 und schrieb Drehbücher, die er verschiedenen Filmgesellschaften in Deutschland, Österreich und Frankreich anbot. 1933 folgte er mit seiner Lebensgefährtin Anna Gmeyner (Künstlername Wiesner) G.W. Pabst ins Exil nach Frankreich. Sie hatte vorher in der UdSSR am deutschen Drehbuch von Piscators „Aufstand der Fischer" mitgearbeitet. 1934 übersiedelte Rappaport, vermutlich im Gefolge G.W. Pabsts, in die USA. Er inszeniert an verschiedenen Theatern, doch eine eigene Filmregie blieb ihm auch hier verwehrt. In Hollywood traf er Boris Šumjaskij, den Vorsitzenden des staatlichen Komitees für Kinematographie der UdSSR, der sich dort gerade zu einer Studienreise aufhielt. Dieser bot ihm an, in der Sowjetunion zu arbeiten. 1936 zog Rappaport in die UdSSR und siedelte sich in Leningrad an, wo er bei dem Studio Lenfil'm angestellt wurde. Er gehörte zu den wenigen Emigranten, denen beim sowjetischen Film eine dauerhafte Karriere glückte. „Professor Mamlock" war 1938 seine erste eigene Regiearbeit. Auch während des Krieges drehte Rappaport verschiedene Filme. 1945 wurde er im Auftrag der Partei nach Estland geschickt. Obwohl diese baltische Republik bereits eine selbständige Filmproduktion hatte, sollte eine russifizierte sozialistische nationale Kinematographie aufgebaut werden. Rappaport drehte 1947 den ersten sozialistischen estnischen Film mit dem Titel „Das Leben in der Zitadelle" (Žizn' v citadeli), produziert von Lenfil'm, aber mit estnischen Mitarbeitern. Rappaport machte noch zwei weitere Filme in Tallinn. 1951 „Licht über Koordi" (Svet v Koordi) und 1955 „Andruš' Glück" (Sčast'e Andruša).[162] Rappaport inszenierte im Laufe der Zeit alle Genres des sowjetischen Films, u. a. Musikfilme und Kriminalgeschichten. Viermal wurden seine Filme mit dem Stalinpreis zweiter Klasse ausgezeichnet.[163] Neben sechs Regieassistenzen zwischen 1930 und 1933 in Deutschland und Frankreich drehte Rappaport insgesamt 21 Filme in der UdSSR.[164] Er muss auch irgendwann sowjetischer Staatsbürger geworden sein, denn er wird in sowjetischen Nachschlagewerken als sowjetischer Regisseur aufgeführt.[165] Rappaport starb 1983 in Leningrad.[166]

4.2.2. Das Projekt „Professor Mamlock"

„Professor Mamlock" war Rappaports erster Film. Er entstand nach dem 1933 in Frankreich von Friedrich Wolf geschriebenen Drama *Professor Mamlock*. Es war unmittelbar nach dem Reichstagsbrand entstanden und ursprünglich für Gustav von Wangenheims Truppe 1931 gedacht gewesen, konnte aber aus finanziellen Gründen von dieser Truppe, die sich bereits

---

[162] Hoffmann/Schobert S.152.

[163] Stalinpreis 1941 für „Eine musikalische Geschichte" (Muzykal'naja istorija) von 1940, Stalinpreis 1948 für „Žizn' v citadeli" von 1947, Stalinpreis 1951 für „Alexander Popov/Das erste SOS" (Aleksandr Popov) von 1949, Stalinpreis 1952 für „Svet v Koordi" von 1951. Stalinpreise wurden von 1940-1952 in den Abstufungen erster, zweiter und dritter Klasse vergeben. Vgl. Engel, S.336-339.

[164] Eine Filmographie Rappoports ist nachlesbar bei Bulgakowa S.228 und in der Broschüre „Filmexil Exilfilm Professor Mamlock" Dr2 in der Filmmappe Sign.13192 im Bundesarchivbestand.

[165] Im Gegensatz zu Wangenheim, der als deutscher Regisseur bezeichnet wird, obwohl auch er zeitweise die sowjetische Staatsbürgerschaft besaß, siehe Jutkevic S.407 und 256.

[166] In der ZDF Dokumentation *Am Ende eines Traums – Deutsche Filmemigranten in Moskau* von 1995 behauptet eine Zeitzeugin, die Umstände hätten auf Mord durch Erdrosslung hingedeutet, seien aber nie geklärt worden.

im Exil in Paris befand, nicht aufgeführt werden. Nach der deutschsprachigen Erstaufführung des Dramas 1934 in Zürich wurde es das meistgespielte Exildrama.[167] Rappaport und das Studio Lenfil'm traten 1936 an den deutschen und in der Sowjetunion lebenden Schriftsteller Friedrich Wolf mit der Bitte heran, für sein sehr erfolgreiches Stück ein Filmszenarium zu schreiben. Dies wurde unter Mitwirkung Rappaports und des sowjetischen Regisseurs Adolf Minkin in den Jahren 1936/37 erarbeitet. Minkin, der 1932 in Leningrad mit seiner Filmarbeit begonnen hatte, wurde dem Emigranten Rappaport zur Sicherung der Arbeit an die Seite gestellt. Er drehte alle seine Filme nur in Ko-Regie, bis er nach 1949 als Regisseur von Wochenschauen und Dokumentarfilmen arbeitete.[168] Zeitzeugen zufolge hatte er mit der Inszenierung des Film „Professor Mamlock" nur am Rande zu tun.[169]

4.2.3. Inhalt des Films

Der Film spielt in einer deutschen Großstadt kurz nach der nationalsozialistischen Machtergreifung. Auf einer Versammlung liefern sich Anhänger der Nationalsozialisten und Kommunisten hitzige Wortgefechte. Nazis stürmen die Versammlung und lösen eine Saalschlacht aus. Dabei wird der Arbeiter Fritz durch einen Messerstich verletzt. Rolf Mamlock, Medizinstudent und Sohn des liberal-konservativen assimilierten deutschen Juden Professor Hans Mamlock, der Chef einer chirurgischen Klinik ist, bringt seinen Freund Fritz in die Klinik des Vaters. Mamlock hat kein Verständnis dafür, dass man für die Politik sein Leben aufs Spiel setzt. Die Assistenzärzte Dr. Inge und Dr. Hellpach sind Anhänger des Nationalsozialismus und beginnen mit Fritz zu diskutieren. Hellpach läßt sich zu antisemitischen Tiraden hinreißen, aber Mamlock verbittet sich solche Gespräche in seiner Klinik. Für ihn existieren nur Ärzte und Kranke.

---

[167] Laut Mennemeier/Trapp S.29. Auch aufgrund des Erfolgs dieses Stücks wurde Wolf im Juni 1935 von den Deutschen ausgebürgert, siehe Knapp S.32.

[168] Bulgakowa S.222.

[169] Broschüre „Filmexil Exilfilm – Professor Mamlock" Dr2 in der Filmmappe Sign.13192.

Rolf, der sich neben seinem Studium bei den Kommunisten engagiert, ist oft im Milchladen von Mutter Wendt und ihrer Tochter Anni. Dort ist ein geheimer Treffpunkt der Kommunisten. Wendts Untermieter, der Nazi-mitläufer Krause ahnt davon nichts. Man nutzt seine Anwesenheit sogar geschickt aus, um sich Spitzel vom Leib zu halten.

Zwischen Mamlock und Rolf schwelt ein Konflikt, da sich Rolf nicht völlig den Wissenschaften verschreiben will, sondern sich so intensiv mit Politik beschäftigt. Auch in seinem Haus duldet der Professor keine politischen Diskussionen und als im Radio die Nachricht vom Reichstagsbrand gesendet wird, stellt Mamlock Rolf vor die Entscheidung, entweder mit den verbrecherischen Kommunisten zu brechen oder sein Elternhaus zu verlassen. Rolf geht. Trotz der nun einsetzenden Kommunistenverhaftungen wird die illegale Parteiarbeit Rolfs Hauptbeschäftigung. Man plant sogar eine illegale Zeitung, die schließlich in Mutter Wendts Haus gedruckt wird, das mittlerweile der Stützpunkt der illegalen Kommunisten ist. Hellpach wird unterdessen zum Kommissar der Klinik gemacht und rückt mit einer SA-Truppe in das Krankenhaus ein. Er will Mamlock als unerwünschten Juden am Operieren hindern. Mamlock weist ihn energisch aus seiner Klinik, worauf ihn die SA-Leute packen, ihm das Wort „JUDE" auf die Brust schmieren und ihn brutal durch die Straßen nach Hause treiben. Völlig resigniert beginnt Mamlock zu Hause einen Abschiedsbrief zu schreiben. Er will sich mit dem Revolver erschießen, den er 1916 für Tapferkeit im Krieg erhalten hat. Da wird er unversehens von einem SA-Mann mit schmeichlerischen Worten wieder in die Klinik gebeten, um einen hohe SA-Offizier zu operieren, der Hellpachs Künsten nicht traut und nach dem bekannten Professor verlangt. Inzwischen ist bekannt geworden, dass von dem jüdischen Arbeitsverbot Kriegsteilnehmer ausgenommen sind. Doch Hellpach zwingt Mamlocks Kollegen in dessen Gegenwart eine Petition zu unterschreiben, dass sie unter dem Juden Mamlock nicht mehr arbeiten wollen. Wer sich weigert, wird verhaftet. Daraufhin unternimmt Mamlock auf dem Krankenhausflur einen Selbstmordversuch, den er aber überlebt. Rolf ist unterdessen verhaftet worden und wird zusammen mit seinem Genossen Ernst in einem Gestapokeller gefoltert. Krause ist dabei. Dieser hat nun gegenüber Anni ein derart schlechtes Gewissen, dass er ausplaudert, wo Rolf zu finden ist. Auf dem Weg ins KZ überfallen die Genossen den Gefangenentransport und befreien Rolf und Ernst, der auf der Flucht ange- schossen wird. Rolf bringt ihn in die Klinik, wo ihm von den Ärzten gehol- fen wird, doch Hellpach entdeckt Rolf, als er seinen Vater am Krankenbett besucht. Mamlock hat während seines Klinikaufenthalts viel Zeitung gele- sen und sich mittlerweile eine politische Meinung gebildet. Er bewundert den Kommunisten Dimitrov, der im Reichstagsbrandprozess von den Nazis angeklagt wurde. Er ist überzeugt, dass solche Leute immer gewinnen wer- den. Rolf flieht mit Hilfe von Dr. Inge, die sich angesichts von Hellpachs Methoden angewidert von den Nationalsozialisten abgewandt hat. Auf der Flucht erschießt sie Hellpach in Notwehr. Als die SA das ganze Viertel umstellt, erscheint Mamlock auf dem Balkon seines Krankenzimmers und spricht den Nazis vor großem Publikum das Recht ab, im Namen Deutsch- lands zu handeln. Ihr Deutschland sei das Deutschland des Blutes, der Trä- nen, der Folter und des Krieges und man werde sie bald hinwegfegen, so dass sie im Gedächtnis der Nachkommen nur als schrecklicher, furchtbarer Alptraum zurückblieben. Daraufhin stirbt Mamlock im Feuer einer MG- Salve. Rolf und Inge aber können entkommen.

Die literarische Vorlage wurde für das Drehbuch völlig umgeschrieben und damit an die sowjetischen Erfordernisse angepasst. Neben den Erlebnissen Mamlocks in seiner Klinik und dem Konflikt mit seinem Sohn kam die ausführliche Schilderung der illegalen Parteiarbeit von Rolfs Zelle als weiterer Handlungsstrang hinzu. Personen wurden weggelassen, andere hinzugefügt. Die ausführlichen Diskussionen über die Rassentheorie kom- men im Film kaum noch vor und die Gespräche über Recht und Staat wur- den gänzlich getilgt, was angesichts der Säuberungen verständlich er- scheint. Dafür gibt es viele aktionsgeladene Szenen mit Schlägereien, Überfällen, Fluchten und Verfolgungen. Vieles wird den Zuschauer auch an die gegenwärtige Situation in der UdSSR erinnert haben – Verhaftungen in der Nacht, Hausdurchsuchungen, Verhöre, Folter, Schlangen vor den Auskunftsschaltern von Gefängnissen, wo man keine Auskunft erhält. Im Film bleibt es auch, anders als im Stück, nur bei einem versuchten Selbst- mord Mamlocks. Dieser war offensichtlich keine geeignete Form des Protests im sowjetischen Film. Hier stirbt Mamlock nicht als resigniertes Opfer, sondern als zur wahren Überzeugung gelangter Held.

4.2.4. Aufführung des Films

Die Uraufführung fand am 5. September 1938 in Leningrad statt. Wolf konnte diese Premiere nicht mehr miterleben, da er sich zu dieser Zeit bereits in Frankreich befand. Er war auf dem Weg nach Spanien, um als Truppenarzt im Bürgerkrieg zu arbeiten. Der Film entwickelte sich rasch zu einem nationalen und internationalen Erfolg.[170] Vor Beginn des zweiten Weltkrieges lief er u. a. in den USA, Frankreich, Spanien, Mittel- und Südamerika, Nordafrika, Kanada, Skandinavien, England und im Fernen Osten. Nach Beginn des Krieges wurde er dann in allen Ländern der Anti-Hitler-Koalition gezeigt.[171] Am 6. Mai 1939 meldeten die *Luzerner Neuesten Nachrichten*, dass der Film von der englischen Zensur verboten worden sei, obwohl er bislang der einzige Sowjetfilm sei, den die inoffizielle amerikanische Zensur, das Bureau Hays, zur Aufführung in den Vereinigten Staaten zugelassen habe.[172] In den sowjetischen Kinos lief er nur wenige Monate bis er im Zuge des Hitler-Stalin-Paktes und dem sich daraus ergebenden Verschweigen des Faschismus aus den sowjetischen Kinos verschwand. Der Film war in Deutschland für den Normalbürger natürlich verboten, doch Josef Goebbels zog ihn im Januar 1940 auch innerhalb der NSDAP aus dem Verkehr. Außer dem Führer sollte er niemandem mehr gezeigt werden, da man ihm offensichtlich eine zersetzende Wirkung zusprach.[173]

---

[170] In der Filmmappe „Professor Mamlock", Sign.13192 werden unzählige sowjetische, nordamerikanische, französische und dänische Rezensionen und Zeitungsmeldungen über den Film aufbewahrt. Hierbei fällt auf, daß Minkin in den sowjetischen Meldungen stets an erster Stelle als Regisseur steht, während in den westlichen Meldungen Rappaport der Erstgenannte ist. Eine sowjetische Rezensionsbibliographie anläßlich der Erstaufführung findet sich auch in Verband der deutschen Filmclubs e.V., S.311.

[171] Knapp S.12.

[172] Bundesarchiv Filmmappe Sign.13192. Das englische Verbot wurde im August wieder aufgehoben.

[173] Geheimweisung Nr.5 vom 29. Januar 1940, siehe Knapp S.26ff.

Nach dem deutschen Überfall wurde der Film allerdings, ebenso wie „Kämpfer" sofort wieder ins Programm genommen. Im Dezember 1947 kam er in die deutschen Kinos der sowjetischen Besatzungszone.

Friedrich Wolfs Sohn Konrad, der im Exil in der Sowjetunion aufgewachsen war und als Kind in Wangenheims Film „Kämpfer" seine erste kleine Rolle gespielt hatte, verfilmte den Stoff seines Vaters 1961 in der DDR noch einmal.[174]

Eine russischsprachige Kopie des Films „Professor Mamlock" von 1938 befindet sich im Filmarchiv des Bundesarchivs in Berlin.[175]

4.3. Kämpfer

Der Film „Kämpfer" entstand nach einem Drehbuch und unter der Regie von Gustav von Wangenheim. Er wurde 1936 von dem in Rot Front umbenannten ehemaligen Mežrabpomfil'm-Studio fertig gestellt und ist der einzige deutsche Exilfilm, der neben der obligatorischen russischen Fassung auch in deutscher Sprache gedreht wurde. Hierfür standen nicht zwei verschiedene Schauspielcrews zur Verfügung, sondern es zeichnete den Film aus, dass sein Ensemble mit wenigen Ausnahmen aus deutschen Schauspielern bestand, die in der russischen Fassung russisch sprechen mussten, um die spätere Nachsynchronisation durch die Lippenbewegungen zu erleichtern. Ebenso mussten die wenigen sowjetischen Schauspieler in der deutschen Version deutsch sprechen. Sie wurden später von deutschen Sprechern synchronisiert. Auch ein Teil des technischen Filmpersonals setzte sich aus Deutschen zusammen.

4.3.1. Der Reichstagsbrandprozess

Die Grundlage des Films bildeten folgende Ereignisse. Aufgrund der Verhaftungen von Kommunisten, die der Reichstagsbrand am 27. Februar 1933 nach sich zog, wurde am 9. März 1933 der Bulgare Georgij Michailovič Dimitrov als einer der verantwortlichen Brandstifter inhaftiert. Er

---

[174] Diese Verfilmung ist in der Mediathek der Ruhr-Universität Bochum vorhanden.

[175] Auf insgesamt 10 Filmrollen mit einer Gesamtlände von ungefähr 100 Minuten.

leitete zu dieser Zeit das westeuropäische Büro des Exekutivkomitees der Kommunistischen Internationale in Berlin.[176] Ihm wurde, zusammen mit dem noch im Reichstag verhafteten Holländer Marinus van der Lubbe, zwei weiteren bulgarischen Kommunisten (Blagoj Popov und Vasil Tanev) und dem deutschen Kommunisten Ernst Torgler, in Leipzig der so genannte Reichstagsbrandprozess (September-Dezember 1933) gemacht. Dimitrov verteidigte sich selbst und griff die Nationalsozialisten und ihre Vorgehensweise in seinen Reden vor Gericht scharf an. Während van der Lubbe zum Tode verurteilt wurde, sprach man die vier anderen frei. Die Bulgaren konnten das Gefängnis allerdings erst verlassen, nachdem ihnen die UdSSR im Februar 1934 die sowjetische Staatsbürgerschaft verliehen hatte. Am 27. Februar 1934 wurden sie nach Moskau ausgeflogen und besonders Dimitrov fortan als Held im Kampf gegen den Faschismus verehrt. Ab 1935 war er der Generalsekretär der Komintern, die einer der größten Arbeitgeber der deutschen Emigranten in der UdSSR war.

4.3.2. Der Gedanke zum Film

Der deutsche Emigrant, Schriftsteller und Parteifunktionär Alfred Kurella (1895-1975) wurde 1934 der Sekretär Dimitrovs. Er hatte die Idee, einen Dokumentarfilm über den Prozess und den „heldenhaften Kampf" Dimitrovs zu drehen. Besonderer Anlass hierzu war die Tatsache, dass es Kommunisten gelungen war, ein paar Meter Film, die während des Prozesses in Leipzig gedreht worden waren, illegal aus Deutschland herauszuschmuggeln.[177] Er wandte sich zur Verwirklichung des Films, für den er verschiedene Materialien zur Verfügung stellen wollte, an den holländischen Dokumentarfilmer Joris Ivens, der zu der Zeit für die Mežrabpomfil'm arbeitete. Nach Wangenheims Aussage konsultierten ihn die beiden 1934, um ihn um seine Mitarbeit zu bitten, als sich herausstellte, dass es unmöglich war, aus den wenigen dokumentarischen Aufnahmen einen gan-

---

[176] Hadshinikolov S.91.

[177] Das Material zeigt den vollen Gerichtssaal, das Hereinführen der Angeklagten und den teilnahmslos dasitzenden van der Lubbe.

zen Film zu machen.[178] An weiteres dokumentarisches Material kam man nicht heran. Auch wollte man den Prozess nicht einfach mit Schauspielern nachstellen, weil man es für unangemessen hielt, gerade den noch lebenden Dimitrov von einem Schauspieler verkörpern zu lassen.[179] Da das Projekt aber trotzdem nicht fallengelassen werden sollte, schlug Wangenheim vor, einen Spielfilm zu drehen, in dem sich der Reichstagsbrandprozess nur parallel zur Haupthandlung abspielen sollte. Er wollte „eine Fabel gestalten, die Dimitrovs Kampf im Handeln eines jungen Arbeiters widerspiegelt."[180] Die aus Deutschland stammenden Filmmeter wurden in die Spielfilmhandlung integriert. Ob nun Wangenheim Ivens als Ko-Regisseur zur Seite gestellt wurde oder umgekehrt, lässt sich nicht klären. Die beiden arbeiteten aber einige Monate gemeinsam an dem Projekt.

Ivens stieg später aus, ließ sich aber seine Mitarbeit bei der Vorbereitung, am Drehbuch und bei den ersten Aufnahmen schriftlich bestätigen. Hierbei wurde allerdings herausgestellt, dass die Autorenschaft des Films Wangenheim gehörte.[181]

Das fertige Drehbuch las Wangenheim am 9. April 1935 dem Schriftsteller und Präsidenten des sowjetischen Schriftstellerverbandes Maxim Gorkij bei einem von Kurella arrangierten Treffen vor. Laut Kurellas Aufzeichnung[182] gefiel es Gorkij sehr gut, obwohl er einige Verbesserungsvorschläge machte. Der Arbeitstitel des Films war „Kampf um Wahrheit". Die Dreharbeiten begannen Anfang Mai 1935.

---

[178] SAdK, Berlin, Wangenheim-Archiv: Protokoll einer Vorführung mit dem Film „Kämpfer" am 22. Januar 1963 in der Hauverwaltung Film.

[179] Dies schien allerdings anfangs geplant gewesen zu sein, denn Alexander Granach wird des öfteren fälschlich in der Rolle Dimitrovs aufgeführt, siehe z.B. Bulgakowa S.229.

[180] SAdK, Berlin, Wangenheim-Archiv: Wangenheim, Gustav: Ein paar Meter reichen nicht.

[181] SAdK, Berlin, Wangenheim-Archiv: Vermerk betreff Autorenschaft vom 14. Januar 1936. Laut einem Brief Alexander Granachs an seine Lebensgefährtin muß der Ausstieg Ivens allerdings erst relativ spät erfolgt sein, nämlich Anfang September 1935. Vgl. SAdK, Berlin, Granach-Archiv, Sign.244: Brief vom 14. September 1935. Beendet wurden die Dreharbeiten im Dezember desselben Jahres.

[182] SAdK, Berlin, Wangenheim-Archiv: Bemerkungen des Genossen Gorkij zum Film, aufgezeichnet von A. Kurella.

Alfred Kurella wurde wenig später aufgrund parteilicher Disziplinarmaß-
nahmen aus der Komintern entlassen und durfte deshalb nicht mehr als
Mitautor im Vorspann des Films genannt werden, obwohl er beteiligt
war.[183] Schlimmeres passierte ihm jedoch nicht und er hatte später in der
SED hohe Funktionen inne.[184]

4.3.3. Der Regisseur

Gustav von Wangenheim wurde 1895 als Sohn des bekannten Schauspielers Eduard von Winterstein geboren. Wangenheim begann 1916 als Thea-
terschauspieler am Deutschen Theater in Berlin. Ab 1917 schrieb er auch
Theaterstücke und wurde 1922 KPD-Mitglied. Er arbeitete ab 1920 als
Filmschauspieler u. a. für Murnau, Lang und Lubitsch. 1921/22 spielte er
beispielsweise die Rolle des Thomas Hutter in Friedrich Murnaus „Nosferatu – Eine Symphonie des Grauens". Er war Textautor und Regisseur verschiedener Gruppen der Agitprop-Bewegung. 1931 gründete er das Berufstheaterkollektiv Truppe 1931, das sich aus arbeitslosen Schauspielern
rekrutierte und Wangenheims Stücke spielte. Viele Mitglieder dieser Gruppe scharte er 1935 für den Film „Kämpfer" wieder um sich. Die Truppe
erhielt am 4. März 1933 Spielverbot und die meisten ihrer Mitglieder emigrierten. Wangenheim verließ Berlin am 17. März 1933, weil er vor seiner
bevorstehenden Verhaftung gewarnt worden war. Er ging nach Paris, wo-
hin ihm seine Frau Inge Ende April 1933 folgte. Diese spielte unter ihrem
Mädchennamen Ingeborg Franke ebenfalls in „Kämpfer" mit. Im Mai reisten sie mit offizieller Einladung zur Ersten Olympiade des Internationalen
Revolutionären Laienspieltheaters nach Moskau. Kaum nach Paris zurückgekehrt, erreichte sie eine zweite Einladung, diesmal, um in der UdSSR zu
arbeiten. Ab August 1933 übernahm Wangenheim die künstlerische Leitung der Kolonne Links, die er mit den aus Paris kommenden Mitgliedern
seiner ehemaligen Truppe 1931 zum Deutschen Theaters Kolonne Links
vereinigte. Neben anderen Beschäftigungen begannen 1934 die Planungen

---

[183] Er hatte an einem Treffen früherer Funktionäre der Kommunistischen Jugendinter-
       nationale teilgenommen, hinter dem man eine parteifeindliche Verschwörung wit-
       terte, siehe Müller (1998) S.132.

[184] Weber (1989) S.103 und Buber-Neumann S.30.

zu seinem ersten Film „Kämpfer", der 1935 gedreht und 1936 fertig gestellt wurde. Wangenheim überstand die Zeit der stalinistischen Säuberungen relativ unbeschadet. 1940 wurde er sowjetischer Staatsbürger und lebte
von Dezember 1941 bis Juni 1943 als Evakuierter samt Familie in Kasan,
Tschistopol und Taschkent. Zwischen 1943 und 45 durfte er sich wieder in
Moskau aufhalten. Er arbeitete zu dieser Zeit für den Moskauer Rundfunk
und war Mitglied des Nationalkomitees Freies Deutschland. Im Juni 1945
kehrten die Wangenheims nach Ostberlin zurück. Wangenheim arbeitete
als Intendant verschiedener Bühnen, Schriftsteller und Regisseur. Er starb
1975 in Berlin.[185]

Während seiner Exilzeit war Wangenheim Mitglied der Deutschen Sektion
des sowjetischen Schriftstellerverbandes. Aufgrund seiner Agitpropver-
gangenheit, also als Regisseur von Laientheater, war er stets dem Verdacht
ausgesetzt, immer noch diesen abweichlerischen Theaterexperimenten nahe
zu stehen und vertrat deswegen immer konsequent die offizielle kulturpoli-
tische Linie.

4.3.4. Inhalt des Films

Die Geschichte beginnt einige Wochen vor den Ereignissen am 27. Februar
1933 und stellt quasi einen Teil ihrer Vorgeschichte dar. Sie verläuft später
parallel zum Reichstagsbrandprozess und auch über diesen hinaus. Der
zeitliche Rahmen reicht etwa von Hitlers Machtergreifung im Januar 1933
bis zu Dimitrovs Ankunft in Moskau im Februar 1934.

Fritz Lemke, ein junger arbeitsloser, aber unpolitischer Arbeiter aus einer
deutschen Kleinstadt erfährt, dass sein Bruder Hans angeblich Selbstmord
begangen hat. Fritz und seine Mutter sind jedoch überzeugt, dass Hans, der
wie seine Mutter einer kommunistischen Gruppe angehört, von den Nationalsozialisten ermordet worden ist, weil er herausgefunden hatte, dass die
Parfümfabrik Spörke, in der er arbeitete, ein getarnter kriegschemischer
Betrieb ist. Ein von den Nazis unter Druck gesetzter Arzt bescheinigt
Hans' Selbstmord.

---

[185] Mennemeier/Trapp S.416f.

Fritz will Rache für seinen Bruder und wirft seiner Mutter und ihren Ge-
nossen Tatenlosigkeit vor. Er lässt sich von dem von den Nazis gekauften
Otto Otto dazu überreden, nachts die Fabrik anzuzünden. Eine Gruppe Nazis unter SA-Sturmführer Eickhoff steht schon bereit, um nachzuhelfen und
Fritz als Brandstifter festzunehmen. Da jeder von Fritz' kommunistischer
Verwandtschaft weiß, wollen sie die Brandstiftung „der Kommune in die
Schuhe schieben", um so einen Vorwand für Kommunistenverfolgungen zu
haben. Fritz wird jedoch von den Genossen seiner Mutter abgefangen und
fortgebracht. Nur Otto Otto wird verhaftet. Fritz steht weiter unentschlos-
sen zwischen den Fronten, denn sowohl die Kommunisten, als auch die
Nationalsozialisten werben um ihn. Letztere verschaffen ihm sogar Arbeit.
Kurz darauf wird der Reichstag niedergebrannt. Dies ist für die Kommunisten eine weitere, diesmal geglückte Provokation der Nationalsozialisten.
Dimitrov wird verhaftet und im Radio verfolgt Fritz gemeinsam mit seiner
Mutter und den Genossen den Prozessverlauf sowie die weltweiten Protes-
te. Fritz beginnt sich für Dimitrov und seinen Kampf gegen Goebbels und
Göring zu begeistern. Seine erste Anregung als neues Mitglied der Kommunisten ist die Beschaffung des im Ausland auf Initiative Münzenbergs
erschienenen *Braunbuches über Reichstagsbrand und Hitlerterror*, das die
wahren Hintergründe aufdeckt. Beim Schmuggel der Bücher werden Fritz,
seine Freundin Anna und Peters, der Anführer der kommunistischen Zelle,
verhaftet und ins KZ gesperrt. Fritz und Peters sitzen unter gut organisier-
ten Gleichgesinnten ein, die stets über den Verlauf des Prozesses informiert
sind und diesen sogar mit verteilten Rollen nachspielen. Kurz nachdem
Fritz wieder freigekommen ist und Anna mit Hilfe eines Naziüberläufers
befreit hat, wird auch Dimitrov entlassen, in die UdSSR ausgeflogen und
stürmisch gefeiert.

Da man Fritz nicht finden kann, wird seine Mutter in einem Anfall hilfloser
Wut von Eickhoff verhaftet und abgeführt, doch sie ist bereit zu kämpfen.

Dimitrov tritt im Film nur indirekt auf. Man sieht seine gefesselten Hände,
sieht ihn von hinten und hört seine Stimme aus dem Off. Erst während seines Schlusswortes in Leipzig erscheint er mehrmals in Großaufnahme. Für

diese gestellten Szenen hatte sich Dimitrov dem Filmteam zur Verfügung gestellt.

4.3.5. Deutsche Darsteller

Für diesen Film hatte Wangenheim neben vielen anderen nochmals fast alle Mitglieder der ehemaligen Kolonne Links zusammengeführt.

Die mitwirkenden Schauspieler können in vier verschiedene Gruppen eingeteilt werden. Da waren zunächst die professionellen deutschen Schauspieler. Nach Aussagen Wangenheims[186] gab es davon in Moskau nur wenige. Daher rief Wangenheim seine Wunschkandidaten aus dem Ausland in die UdSSR. Zu der bereits anwesenden Lotte Loebinger (Mutter Lemke) gesellten sich Heinrich Greif (Eickhoff) und Robert Trösch (Otto Otto). Beide hatten zur Truppe 1931 gehört und reisten aus der Schweiz an. Alexander Granach (Rovelli) kam aus Polen. Bis auf ihn, Greif und Lotte Loebinger hatte noch keiner der Mitwirkenden vor einer Filmkamera gestanden. In der Besetzungsfrage der Mutter Lemke entstand ein Konflikt mit Bertolt Brecht, der bis kurz vor Brechts Tod 1956 andauerte. Wangenheim entschied sich für Lotte Loebinger, obwohl Brecht, der sich im Exil in Dänemark befand, wollte, dass seine Frau Helene Weigel die Rolle spielte. Piscator schaltete sich ein und sprach am Telefon mit Wangenheim über diese Frage. Dabei muss auch über „das Jüdische" an der Weigel gesprochen worden sein, denn Brecht, dem Piscator das Ergebnis des Gesprächs hinterbrachte, legte dies so aus, dass Wangenheim den Standpunkt vertrete, Juden dürften in Moskau nicht spielen. Brecht schickte daraufhin Wangenheim ein Telegramm mit folgendem Inhalt: „50 Jahre Hass. Brecht."[187]

Greif spielte in „Kämpfer" den Diplom-Ingenieur und SA-Sturmführer Eickhoff, einen denkenden, gerissenen Nazi und Karrierist, der vom 1000jährigen Reich träumt. Im Laufe des Prozesses begreift er allerdings, dass dieser möglicherweise ein Fehler war und man mit ihm „reinrasseln

---

[186] SAdK, Berlin, Wangenheim-Archiv: Protokoll einer Vorführung mit dem Film Kämpfer am 22. Januar 1963 in der Hauptverwaltung Film.

[187] Trapp (1981) S.36 und Müller (1991) S.416.

werde". Er wird zusehends unsicherer. Das Bewusstsein seiner Schwäche und Hilflosigkeit macht ihn aber nur noch brutaler.

Trösch mimt den arbeitslosen Otto Otto, der sein Bauingenieurstudium abbrechen musste. In seiner Not ist er zum käuflichen Nazispitzel herabgesunken, der für Geld auch als falscher Zeuge im Reichstagsbrandprozess auftritt. Er stellt somit eine direkte Verbindung zwischen der Lemke-Handlung und der Dimitrov-Handlung her. Sogar Eickhoff sieht mit Verachtung auf ihn herab. Er wird später als lästiger Mitwisser von seinen ehemaligen Kumpanen ermordet.

Loebinger ist Mutter Lemke, eine einfache Arbeiterwitwe, die sich als Mutter aller guten Menschen versteht.

Neben den professionellen Schauspielern wirkten so genannte Arbeiterspieler mit, die sich aus der Agitprop-Bewegung rekrutierten. Zu ihnen gehörten u. a. Bruno Schmidtsdorf (Fritz Lemke), Erich Mansfeld (KZ-Häftling „Göring") und Helmut Damerius (Kalfaktor). Bruno Schmidtsdorf war seit seiner Jugend aktiver Kommunist beim Rot-Frontkämpfer-Bund. Er bekam die Hauptrolle des jungen Zweiflers, der durch Dimitrovs Verhalten und Handeln von der antifaschistischen Sache überzeugt und zum aktiven Kämpfer wird.

Die dritte Gruppe bildeten die absoluten Laien, die nie zuvor auf einer Bühne oder vor einer Filmkamera gestanden hatten und die in kleineren Rollen besetzt wurden. Zu ihnen gehörten Gregor Gog (Peters), Lothar Wolf (Doktor Hillstedt) und Rudolf Margies (Karl Wiesner). Der etwa zehnjährige Konrad Wolf, Sohn von Friedrich Wolf und späterer DDR-Filmemacher, spielt im Film seine erste kleine Rolle als Nachbarsjunge Heini. Seine Mutter Erna Wolf verkörpert auch im Film seine Mutter. Auf sie alle griff Wangenheim zurück, um möglichst viele Deutsche zu besetzen. Nach Beendigung der Dreharbeiten äußerte Wangenheim in einem Brief, dass das deutsche Ensemble unbedingt erweitert werden müsse und das es an der Zeit sei, sich einen Stamm von Schauspielern zu sichern, der verfügbar sei, wenn man ihn brauche und nicht durch andere Engagements Produktionsabsichten behindere.[188]

An dem Film „Kämpfer" beteiligten sich außerdem „bedeutende Persönlichkeiten", wie Wangenheim sie nannte.[189] Henry Barbusse und Georgij Dimitrov stellten sich für Film- und Tonaufnahmen zur Verfügung und nahmen Teile ihrer Reden in Moskau nochmals auf. Diese wurden dann in den Film integriert und erweckten so den Eindruck von Dokumentarszenen.

Russen wurden nur in wenigen Rollen besetzt, so in der des sadistischen SA-Mannes Rabenkampf und des Gauführers Heise. Auch die Familie Klebersbusch wird von sowjetischen Schauspielern dargestellt, die ihre Texte deutsch sprachen, um die spätere Synchronisation durch deutsche Emigranten zu erleichtern. Die Synchronsprecher lassen sich heute nicht mehr genau ermitteln. Sicher scheint, dass Erwin Geschonnek Vater Klebersbusch sprach, Hedda Zinner seine Frau und Hanni Schmitz-Rodenberg die Tochter.

Wangenheim nutzte aber auch Zufälle geschickt aus, um deutsche Schauspieler zu nutzen. Als Curt Trepte für zwei Tage aus der Ukraine nach Moskau kam, übertrug ihm Wangenheim sofort die Rolle des Direktor Steinschneider, der nur wenige Auftritte hatte, wofür Trepte allerdings über Nacht den deutschen und russischen Text lernen musste.[190] Ebenso verfuhr er mit der Rolle des Amtsrichters Siewert, die der Volkssänger Ernst Busch spielte. Dieser war nur zu Plattenaufnahmen nach Moskau gekommen, als die Dreharbeiten schon begonnen hatten und sofort von Wangenheim vereinnahmt worden. Er nahm auch das Moorsoldatenlied auf, das in den KZ-Szenen gesungen wird und dessen Melodie sich durch den gesamten Film zieht.

---

[188] SAdK, Berlin, Granach-Archiv, Sign.27: Brief Wangenheims an Lotte Lieven-Stiefel vom 11. März 1936.

[189] SAdK, Berlin, Wangenheim-Archiv: Widmung zum Film 1963.

[190] SAdK, Berlin, Wangenheim-Archiv: Trepte, Curt: Wiederbegegnung nach einem Vierteljahrhundert.

Gedreht wurde in den Filmstudios der Mežrabpom'film in Moskau. Die Außenaufnahmen fanden in Odessa statt.

Auch hier war die Ausstattung des Films eines der größten Probleme. Inge von Wangenheim schilderte 1963, dass es unsagbare Schwierigkeiten bereitete, die Wohnstuben im Film originalgetreu auszustatten. Selbst eine gewöhnliche Kaffeemühle musste lange gesucht werden. Schließlich war man dazu übergegangen, die deutschen Schauspieler allerlei Requisiten aus ihren eigenen Haushalten mitbringen zu lassen, um den Eindruck deutscher Wohnstuben um 1933 zu erwecken.[191]

4.3.6. Aufführung des Films

Die letzten Aufnahmen wurden am 17. Dezember 1935 gemacht. Wangenheim schnitt den Film selbst. Die deutsche Variante war im März 1936 fertig. Das Nachsynchronisieren der russischen Version folgte. Zu dieser Zeit war Wangenheim schon wieder vielbeschäftigt, zwei weitere Filme waren in Vorbereitung.[192]

Der fertige Film wurde vor dem Exekutivkomitee der Kommunistischen Internationale (EKKI) erstmals vorgeführt. Wangenheim schreibt, dass der Film wegen seiner Bedeutung noch viele andere Gremien durchlaufen musste und endlosen Diskussionen ausgesetzt gewesen sei.[193] Im Wangenheim-Archiv liegen zwei Einladungskarten zu Vorführungen des Films mit anschließender Diskussion im „dom kino" (Haus des Kinos) und im „dom pečati" (Haus des Drucks) in Moskau im Mai 1936.

Der Film selbst lief am 1. Dezember 1936 in mehreren Kinos an. Dies belegt eine Anzeige aus der *Deutschen Zentralzeitung* von 1936, die für den Kinostart wirbt.[194]

---

[191] SAdK, Berlin, Wangenheim-Archiv: Wangenheim, Inge: Gedanken von Inge von Wangenheim zu dem Film „Kämpfer". Dasselbe erwähnt Damerius (1977) S.422.

[192] SAdK, Berlin, Granach-Archiv, Sign. 27, Brief Wangenheims an Lotte Lieven-Stiefel vom 11. März 1936.

[193] SAdK, Berlin, Wangenheim-Archiv: Wangenheim, Gustav: Eine ungewöhnliche Sitzung.

[194] SAdK, Berlin, Wangenheim-Archiv: Klaue, Wolfgang: Ein Film gilt als verschollen.

Seltsam erscheint in diesem Zusammenhang die Tatsache, dass sich im Wangenheim-Archiv außerdem die Übersetzung eines Artikels aus der New Yorker Herald Tribune vom 2. September 1936 findet, in dem ein Howard Barnes den Film rezensiert. Es ist die einzige dort vorhandene Rezension und sie ist keinesfalls positiv. Barnes hatte den Film im New Yorker Kino „Cameo" gesehen und bemängelt, dass er die Aggressionen des Faschismus weder ausreichend illustriere, noch Judenverfolgungen zeige. Die Szenerie sei verwirrend und unzusammenhängend und der Film nicht vergleichbar mit sowjetischen Filmen.[195] Hier fragt man sich, warum der Film bereits Anfang September 1936 in New York lief, während er dem sowjetischen Publikum erst ab Dezember 1936 zugänglich gemacht wurde.

Während sowjetische Zeitungen durchweg positiv über den Film berichteten[196], fällt auf, dass die meisten deutschen Genossen in der UdSSR stets besonders die Kritikpunkte hervorhoben. So wurde beispielsweise bemängelt, dass die verwickelte Handlung der Verständlichkeit des Films abträglich sei[197] und besonders die Tonqualität zu wünschen übrig ließe.[198]

4.3.7. Wiederentdeckung des Films

Der Film „Kämpfer" galt seit dem Zweiten Weltkrieg als verschollen. Er wurde in einem Moskauer Archiv auf einzelnen Rollen wieder entdeckt und von sowjetischen Wissenschaftlern rekonstruiert. Im Sommer 1962 wurde er einer Delegation des staatlichen Filmarchivs der DDR vorgeführt.[199] In der DDR feierte man ihn als bedeutendstes Werk nationaler

---

[195] Von „Professor Mamlock" war Barnes im Gegensatz dazu begeistert, siehe Georg S.156.

[196] So z.B. die Zeitschrift *Kino* vom 26. Februar 1936 unter dem Titel „Borcy" im Greif-Archiv, Sign.2. Sie bescheinigte dem Film ein hohes künstlerisches Niveau, lobte die deutschen und ausdrücklich auch die sowjetischen Schauspieler, den sowjetischen Kameramann und den einwandfreien Ton des sowjetischen Tontechnikers.

[197] SAdK, Berlin, Greif-Archiv, Sign.2: Hugo Huppert: Der Weg zum Heldenepos.

[198] SAdK, Berlin, Greif-Archiv Sign.2: Arthur Pieck: „Kämpfer" im Kampf um Wahrheit. Hier ist es erstaunlich, daß Pieck dies kritisierte, obwohl die Sowjets den Ton eindeutig als gelungen hervorgehoben hatten.

[199] SAdK, Berlin, Wangenheim-Archiv: Klaue, Wolfgang: Ein Film gilt als verschollen.

Filmgeschichte und als ersten deutschen antifaschistischen Film. Nach einer hauptsächlich tontechnischen Bearbeitung[200] zeigte man den Film anlässlich des dreißigsten Jahrestages des Reichstagsbrandes am 27. Februar 1963 erstmals im Deutschen Fernsehfunk. Danach ging er noch in verschiedenen Kinos der DDR an den Start. Vor der Uraufführung wurde eine umfassende Zeitungskampagne gestartet, um über Geschichte und Inhalt des Films zu informieren. Gustav von Wangenheim schrieb eine zehnteilige Artikelserie über die Entstehungsgeschichte des Films für die Leser der Zeitung „Junge Welt" (23.02 – 30.03.1963). Der Regisseur hielt außerdem eine Fernsehansprache am Abend der ersten Ausstrahlung.

In den zahlreichen damaligen Presseberichten wurden zwar die Namen der Mitwirkenden nicht verschwiegen, aber darüber, dass so viele von ihnen später von den Säuberungen betroffen waren, wurde kein Wort verloren. Diese Vorgehensweise entsprach, wie bereits erwähnt, gängiger DDR-Praxis.

---

[200] Eine Liste der Maßnahmen ist nachlesbar im Wangenheim-Archiv: Aktennotiz vom 9. Januar 1963.

5. „Die Revolution frisst ihre Kinder"

Wie schon in Kapitel 2.3. dargelegt wurde, waren auch die deutschen Emigranten in der UdSSR den Gefahren ausgesetzt, die sich nach dem Mord an dem Leningrader Parteivorsitzenden Kirov 1934 in der sowjetischen Gesellschaft abzeichneten. Mehr als die Hälfte wurden Opfer der stalinistischen Säuberungen. Sie verschwanden hinter Gefängnismauern, kamen in Lager, wurden gefoltert und hingerichtet. Nach Stompor wurden zwischen 1936 und 1939 etwa 90 in die Sowjetunion emigrierte Künstler und Schriftsteller verhaftet, erschossen oder in Lager gesperrt bzw. an die Nationalsozialisten ausgeliefert.[201]

Auch die deutschen Mitwirkenden an den Exilfilmen blieben nicht verschont. Da gerade an Wangenheims Film sehr viele Deutsche mitwirkten, die auch fast alle betroffen waren, gilt ihnen besonderes Augenmerk. Sie alle hatten mit Enthusiasmus mitgearbeitet und waren, nach Aussage Lotte Loebingers,[202] begeisterte Sowjetbürger. Daher traf viele die Verhaftung völlig unvorbereitet.

Noch während der Dreharbeiten wurden der Wolgadeutsche Walter Rauschenbach und der Emigrant Ernst Mansfeld[203] vom NKWD verhaftet. Sie waren, laut Wangenheim,[204] seine Assistenten und spielten außerdem kleinere Rollen im Film, Rauschenbach als Hermann und Mansfeld als KZ-Häftling, der in der Lesung der Prozessereignisse die Rolle Görings verkörpert. Diese Verhaftungen brachten die Dreharbeiten zeitweilig zum Erliegen.[205] Noch während der Dreharbeiten wurde die Mežrabpomfil'm 1936 aufgelöst und ein Großteil ihrer Mitarbeiter verhaftet.

---

[201] Siehe S.90.

[202] *Am Ende eines Traums, ZDF* 1995.

[203] Von ihm ist nach seiner Verhaftung nur bekannt, daß er wegen Spionage zu fünf Jahren Haft verurteilt worden ist, danach verliert sich seine Spur.

[204] Müller (1991) S.407.

[205] Trapp (1983) S.137.

Nach den Dreharbeiten wurden weitere Mitwirkende verhaftet, u. a. Wangenheim selbst, der jedoch wenige Tage später wieder freigelassen wurde.[206] Der Grund ist unklar. Nacheinander wurde außerdem fast die komplette ehemalige Agitpropgruppe Kolonne Links in nächtlichen Verhaftungsaktionen aus ihrer Gemeinschaftswohnung an der Kuzneckij most Nr. 22, unweit der Lubjanka in Moskau abgeholt.

Hans Hauska, der Komponist des Films „Kämpfer", wurde im Dezember 1938 nach dreizehnmonatiger Haft ausgewiesen. Die Begründung lautete auf konterrevolutionäre Tätigkeit.[207] Er wurde im selben Monat beim Betreten deutschen Gebiets von der Gestapo verhaftet und im August 1939 von einem deutschen Gericht wegen Hochverrat, den er durch seine künstlerische Tätigkeit vor 1933 begangen haben soll, zu eineinhalb Jahren Haft verurteilt. Die Sowjetunion rehabilitierte ihn 1958.[208]

Der Schriftsteller Gregor Gog (Peters),[209] der in einem deutschen KZ gesessen hatte, war erst 1935 über die Schweiz in die UdSSR gelangt. Zwischen 1938 und 1939 bemühte er sich um eine Ausreise in die USA. Dem wurde nicht stattgegeben. 1940 wurde Gog verhaftet und nach Sibirien verbannt. Später siedelte man ihn zwangsweise in Tadschikistan an, wo er an Tuberkulose erkrankte. 1945 starb er in einem Sanatorium im usbekischen Taschkent.[210]

Curt Trepte (Direktor Steinschneider) wurde in Engels als Faschist denunziert und musste 1937 auf Anweisung der Komintern die UdSSR verlassen. Rudolf Margies (Karl Wiesner), der als Funktionär der Internationalen Roten Hilfe gearbeitet hatte, wurde 1937 verhaftet und verschwand.[211]

---

[206] Mennemeier/Trapp S.417 und Trapp (1983) S.136, der schreibt, daß die Verhaftung zeitlich nicht genau zu datieren sei.

[207] Walter (1984) S.230.

[208] Stompor S.88 und Trapp (1999) S.386.

[209] In Klammern stehen die Rollennamen im Film „Kämpfer".

[210] Pike S.456.

[211] Weber (1989) S.106. Nach Dehl (1996) S.78 wurde Margies im Spätherbst 1937 erschossen.

Der fast siebzigjährige Heinrich Vogeler, Maler und Dekorateur des Films, wurde nach Kasachstan umgesiedelt und starb dort im Frühjahr 1942. Sein Tod wurde verursacht durch Unterernährung und ein Blasenleiden, das sich aufgrund fehlender Winterbekleidung stetig verschlimmerte.[212]

Ebenso tragisch endete Bruno Schmidtsdorf, der Fritz Lemke spielte. Man verhaftete ihn 1938. Er wurde beschuldigt einer faschistischen Spionageorganisation mit dem Namen „Hitlerjugend" anzugehören, die in der UdSSR Propaganda betreibe und Terror- und Sabotageakte plane, zum Tode verurteilt und erschossen. Insgesamt 70 junge Leute zwischen 17 und 30 Jahren beschuldigte man, Mitglieder dieser Organisation zu sein. Ihre Geständnisse erpresste man durch Prügel. 40 von ihnen wurden von NKWD-Dreierkommissionen zum Tode verurteilt, unter ihnen auch Kurt Arendt (Kurt im Film „Kämpfer"). Die übrigen kamen in Arbeitslager.[213] Schmidtsdorfs russische Frau Lina Dubinina war schon 1936 nach einer Wohnungsdurchsuchung an der Kuzneckij most verhaftet und aus der Hauptstadt verbannt worden. Als sie 1939 zurückkehrte, war ihr Mann bereits tot.

Auch Helmut Damerius (Kalfaktor) wurde im März 1938 unter dem Vorwurf verhaftet, zur Moskauer Hitlerjugend zu gehören. Im September 1938 verurteilte man ihn dann allerdings wegen Spionage, ohne irgendeinen Bezug zur Hitlerjugend, was beweist, dass es im Endeffekt gleichgültig war, weswegen man verhaftet oder verurteilt wurde. Damerius überlebte mehr als zehn Jahre in sowjetischen Lagern, lebte weitere acht Jahre in Kasachstan in der Verbannung und konnte erst 1955 in die DDR zurückkehren. Damerius' Schicksal ist auch insoweit tragisch als Wilhelm Pieck, mit dessen Sohn Arthur Damerius befreundet war, im Mai 1941 den zuständigen Staatsanwalt überzeugte, Damerius aus dem Lager nach Moskau zu holen, um seinen Fall nochmals zu überprüfen, da er glaubte, Damerius sei

---

[212] Tischler (Worpswede 1996) S.55f.

[213] Pike S.204 und *Am Ende eines Traums*, außerdem Dehl (1996) S.82. Schmidtsdorf wurde erst Anfang der neunziger Jahre offiziell rehabilitiert, obwohl schon 1955 dem Militärkollegium des Obersten Gerichts der UdSSR vom Staatsanwalt der UdSSR mitgeteilt wurde, daß es laut Mitteilung der Hauptarchivverwaltung des Ministeriums für Inneres in Moskau keine illegale faschistische Organisation „Hitlerjugend" gegeben habe. Siehe Dehl (1996) S.80.

Opfer von Falschaussagen geworden. Am 21. Juni 1941 bat der Staatsanwalt beim Ministerium für Staatssicherheit um entsprechende Anweisungen. Einen Tag später überfiel Hitlers Armee die UdSSR und Damerius blieb, wo er war.[214]

Auch Rudolf Nehls (Arbeiter auf dem Fest) fiel dem Terror zum Opfer. Er gilt ebenso als verschollen wie Fritz Voß. Dieser spielte den Nazi Willi Schröder, der zu den Kommunisten überläuft. Man verhaftete Voß im Februar 1938.[215]

Im November 1937 wurde der Arzt Lothar Wolf verhaftet. Er hatte in Wangenheims Film den Dr. Hillstedt verkörpert. Über sein weiteres Schicksal ist bisher nichts bekannt. Seine Frau beging 1939 Selbstmord.[216]

Alfred Kurella, der die Idee zu „Kämpfer" gehabt hatte, nahm im November 1934 an einer Abendgesellschaft ehemaliger Funktionäre der Kommunistischen Jugendinternationale teil, die ins Blickfeld der Behörden geraten waren. Aufgrund mangelnder Wachsamkeit bekam Kurella eine strenge Rüge, wurde aus dem Kominternapparat entlassen und musste seinen Lebensunterhalt als Schriftsteller bestreiten. 1937 wurde sein Bruder Heinrich verhaftet und später vermutlich erschossen, doch Kurella konnte die Sowjets davon überzeugen, dass er mit den angeblichen Machenschaften seines Bruders nichts zu tun gehabt hatte.[217] Kurella machte nach seiner Rückkehr in die DDR 1954 eine politische Karriere.

Über Piscators Schicksal in der Sowjetunion wurde bereits in den Kapiteln 3.2 und 4.1.1. berichtet. Wäre er aus Paris zurückgekommen, hätte man ihn wohl, trotz seiner internationalen Prominenz, unweigerlich verhaftet. Denn Anfang September 1936 gab Wilhelm Pieck in einem Brief an die Auslandsleitung der KPD die vermutlich offizielle Einschätzung wieder, dass Piscators politische Einstellung sehr bedenklich sei und ihn in sehr enge Berührung mit den Trotzkisten bringe, und daher seine persönlichen Ver-

---

[214] Dehl (1996) S.80ff.

[215] Becker S.246.

[216] Tischler S.119.

[217] Müller (1991) S.64f.

bindungen eine genauere Untersuchung verdienten. Man muss Pieck allerdings zugute halten, dass er Piscator dennoch vor einer Rückkehr warnte.[218]

Piscators Regieassistentin Asja Lacis wurde zusammen mit ihrem Mann
Bernhard Reich 1937 oder 1938 verhaftet. Reich kam wenig später wieder
auf freien Fuß, wurde allerdings nach 1941 aus Moskau verbannt. Lacis
blieb bis 1948 in Lagern in Kasachstan.[219]

Friedrich Wolf, der das Szenarium zu „Professor Mamlock" geschrieben
hatte, verließ die Sowjetunion 1938 Richtung Spanien. In den Monaten zuvor waren mehrmals Stücke von ihm in Zeitungsartikeln als defätistisch
und politisch gefährlich angegriffen worden. So etwas kam einer Denunziation gleich und konnte eine Verhaftung nach sich ziehen. Wolf bemühte
sich daher seit Ende 1936, wie viele andere auch, um seine Abkommandie-
rung als Truppenarzt nach Spanien. Nachdem ihm die Ausreiseerlaubnis
mehrere Monate lang verweigert worden war, durfte er die UdSSR
schließlich verlassen.[220] 1939 kam er in Frankreich in ein Internierungsla-
ger und konnte 1941, kurz vor seiner Auslieferung an Deutschland, wo er
auf der Fahndungsliste stand, wieder in die Sowjetunion zurückkehren.

5.1. Der Fall Granach

Anhand der Korrespondenz des jüdischen Schauspielers Alexander Gra-
nach mit seiner in Zürich in der Emigration lebenden Lebensgefährtin
Lotte Lieven-Stiefel soll skizzenhaft gezeigt werden, wie Granach seine
Zeit als Emigrant in der UdSSR erlebte und wie sie sich von den euphori-
schen Anfängen und seinen Erfolgen bis zu seiner Verhaftung gestaltete.
Granach verkörperte im Film „Kämpfer" den Journalisten Rovelli.

Granach war 1934 am Jüdischen Theater in Warschau tätig, wo er auch an
der jiddischen Erstaufführung des Stücks *Professor Mamlock* mitgewirkt
hatte. Er war kein Parteimitglied, sympathisierte aber seit frühester Jugend

---

[218] ebd. S.567.

[219] Pike S.441. Lacis schreibt dazu nur, sie sei gezwungen worden zehn Jahre in Kasachstan zu verbringen, siehe S.77, während Reich in seiner Autobiographie nur
vage ein ihnen widerfahrenes Unglück erwähnt, S.377.

[220] Pike S.481f.

mit den Kommunisten. Er stand in Briefkontakt mit Gustav von Wangenheim, den er seit über zwanzig Jahren aus Berlin kannte. Beide hatten gemeinsam auf der Bühne und vor der Kamera gestanden. Granach war in dieser Beziehung sehr gefragt und hatte in mehr als 20 Filmen mitgespielt. Er wurde nun von Wangenheim mehrmals brieflich auf eine mögliche Zusammenarbeit in der Sowjetunion hingewiesen. Bei einem persönlichen Zusammentreffen im August 1934 in Warschau kam es zu einem konkreten Gespräch, in dem Wangenheim Granach eine Zusammenarbeit anbot.[221] Doch vorerst kam man zu keinem Ergebnis. Im März 1935 berichtete Granach euphorisch, er habe von Wangenheim und Ivens ein Telegramm bekommen, dass er Anfang Mai zum Drehbeginn eines Films in Moskau erwartet werde. Granach freute sich, dass er einen russischen und keinen Ghettofilm machen konnte.[222] Im April bekam er einen vom Direktor des in Rot Front umbenannten Mežrabpomfil'm-Studios unterschriebenen Vertrag und aufgrund dieses Vertrags auch ein Visum:

> „Ich bin glücklich, dass ich erstens hier heraus kann und dass ich zu einer richtigen Arbeit fahre und dass ich doch für uns Menschen, die offene Augen und Ohren haben, in das wichtigste Land der Welt fahre und in das interessanteste."[223]

Granach kam Anfang Mai nach Moskau. Statt des angekündigten kostenlosen Zimmers musste er erst einmal ins Hotel ziehen, aber er war begeistert:

> „Ich bin hier von Eindrücken so übertroffen und so überwältigt, dass ich einfach nichts schreiben konnte. (...) sind hier für mich (besonders für mich) grosse Möglichkeiten. (...) der erste Eindruck vom Leben und Treiben, von den Gesichtern der Frauen, von den vielen herrlich aussehenden Kindern, von der Arbeit, vom Tempo ist grandios. Man fühlt die neue Welt. (...) Und ein Mensch mit Kraft, mit Vitalität, mit Gläubigkeit, mit Phantasie kann sich hier künstlerisch unendlich so ausleben wie nirgends!"[224]

Er berichtete ebenso begeistert von den Maifeierlichkeiten. In diesem Brief schrieb Granach aber auch, dass er mit der Rolle eines Provokateurs in Wangenheims und Ivens' Film nicht ganz glücklich sei. Er befürchtete mit

---

[221] SAdK, Berlin, Granach-Archiv, Sign.76, Granach an Lotte Lieven-Stiefel, Brief vom August 1934.

[222] SAdK, Berlin, Granach-Archiv, Sign.222, Brief vom März 1935.

[223] Zitat aus: SAdK, Berlin, Granach-Archiv, Sign.228, Brief vom April 1935.

[224] Zitat aus: SAdK, Berlin, Granach-Archiv, Sign.229, Brief vom 3. Mai 1935.

seiner ersten Rolle im neuen Land zu schnell identifiziert zu werden.[225] Kurz nach seiner Ankunft bekam Granach das Angebot zeitgleich in dem Film „Das letzte Zigeunerlager" (Poslednij tabor), der ebenfalls von der Mežrabpomfil'm produziert werden sollte, eine Hauptrolle zu spielen. Im Stillen hoffte er außerdem seine Regiepläne in der UdSSR verwirklichen zu können. Er war überzeugt, dass er nun Arbeit in Hülle und Fülle haben würde.

Schon bald stellte Granach fest, dass zwischen den „lieben" Deutschen große Zwietracht herrsche, was er mit dem damals häufig benutzten Schlagwort „Emigrantenpsychose"[226] abtat. Granach unterschätze offensichtlich die Stimmung im Lande, die sich natürlich auch auf die Emigrantengemeinde übertrug. Da er nun täglich mit Wangenheim zu tun hatte, bemerkte er, dass dieser, trotz aller Nettigkeit, ganz der Alte geblieben sei, aber noch mehr unter Verfolgungswahn litte und noch eitler geworden sei. Äußerst unschön äußerte er sich über Inge von Wangenheim, die sich im Exil sehr zu ihrem Nachteil entwickelt hätte. Auch Piscator sei „ganz verbiestert und kleinwahnsinnig", was er als dessen großen Minderwertigkeitskomplex bezeichnete. Außerdem sehe er „überall Intrigen, Ränke und Gespenster"[227] Das Verhältnis zu Wangenheim verschlechterte sich immer mehr und Anfang Juni 1935 kam es zum großen Krach. Man überwarf sich während der Dreharbeiten zu „Kämpfer" und Granach gab die Rolle des Provokateurs zugunsten der kleineren des Rovelli ab.[228] Wangenheim hielt er in der Folge für hemmungslos machthungrig und krankhaft ehrgeizig:

---

[225]   Wangenheim äußerte später, Granach, der damit gerechnet habe, die Rolle des Dimitrov zu bekommen, sei von Brecht dahingehend aufgehetzt worden, daß er bei Wangenheim als Jude zwar den Provokateur, nicht aber den Kommunisten spielen dürfe, siehe Müller (1991) S.417.

[226]   Im Parteijargon wurde mit diesem als Krankheit bezeichneten Terminus der fehlende Kontakt der Schriftsteller zu den proletarischen Massen in Deutschland, aber auch in Rußland bezeichnet. Hier wurde kein Zusammenhang mit dem Denunziations- und Angstklima, das während des Stalinismus herrschte, hergestellt. Siehe Müller (1991) S.187.

[227]   SAdK, Berlin, Granach-Archiv, Sign.230, Granach an Lieven-Stiefel, Brief vom 10. Mai 1935.

[228]   Den Grund des Streits nennt Granach nicht direkt, offensichtlich explodierte er anhand des zuvor immer wieder beschriebenen überheblichen Verhaltens Wangen-

„Die Arbeitsmethode ist eine ganz andere – so ohne „Brotgeber", also auch ohne Kriecher – es ist eben ganz anders – auch wie wir uns das vorgestellt haben. Deshalb war ich so entsetzt über Gustav, der diese Freiheit einfach für sich persönlich in Anspruch nahm, ohne sie den anderen gönnen zu können."[229]

Bis Ende des Jahres 1935 war er nun hauptsächlich mit dem Zigeunerfilm beschäftigt und kam nur noch selten zu den Dreharbeiten des Films „Kämpfer". Trotz seiner Erfahrungen mit Wangenheim fühlte sich Granach insgesamt sehr wohl als Schauspieler in der Sowjetunion. Im September 1935 schrieb er:

„Ich erfahre es und erlebe es jeden Tag, dass in keinem Land künstlerische Menschen so geachtet und geliebt werden wie hier."[230]

In Russland könne man mit gutem Gewissen gut leben und arbeiten, ohne das einen, wie in Berlin, das Gewissen wegen der vielen Arbeitslosen zwicke.[231] Die Mežrabpomfil'm bot ihm im Oktober 1935 überraschend eine Filmregie an. Er entschied sich für eine Verfilmung der Leiden des deutschen Anarchisten Erich Mühsam, der 1934 von den Nazis im KZ Oranienburg ermordet worden war. Der deutsche Schriftsteller Willi Bredel sollte unter Anleitung der Witwe Zenzl Mühsam, die sich seit August 1935 in Moskau befand, das Drehbuch schreiben.[232]

Schon vorher hatte Granach ein Engagement am Jüdischen Nationaltheater in Kiew angenommen, das er im Januar 1936 antreten musste. Hier sah er bei 36.000 Rubeln im Jahr und einer 2-Zimmer-Wohnung eine Arbeitsmöglichkeit für zwei bis drei Jahre.[233] Immer wieder äußerte er in seinen Briefen die Hoffnung, seiner Lebensgefährtin ebenfalls Arbeit in der Sowjetunion verschaffen zu können. Am 17. Januar 1936 schrieb er, dass es wahrscheinlich eine Rolle für beide in Piscators Film über die Wolgadeut-

---

heims. Dieser berichtete Lotte Lieven-Stiefel im März 1936, er habe Granach während der Dreharbeiten gebeten, weniger theatralische Grimassen zu schneiden, worauf dieser völlig die Fassung verlor, SAdK, Berlin, Granach-Archiv, Sign.27.

[229] Zitat aus: SAdK, Berlin, Granach-Archiv, Sign.237, Granach an Lieven-Stiefel, Brief vom Juli 1935.

[230] Zitat aus: SAdK, Berlin, Granach-Archiv, Sign.244, Granach an Lieven-Stiefel, Brief vom 14. September 1935.

[231] ebd.

[232] Müller (1991) S.343f.

[233] SAdK, Berlin, Granach-Archiv, Sign.237, Brief vom Juli 1935.

schen geben könnte. Hier erboste er sich auch wieder einmal heftig über Wangenheims Hinhaltetaktik, der stets Versprechungen bezüglich Lieven-Stiefels mache, aber nichts halte:

> „(...) er ist so verlogen, dass ich ihn nicht mehr sehen kann. (...) Darfst nicht glauben, dass es mir nur so geht – alle Freunde und Bekannte machen einen großen Bogen um ihn! (...) Ich bin überzeugt, dass es mit ihm ein schlimmes Ende nimmt."[234]

Immer wieder schrieb Granach auch von Piscators Theaterplänen und dass man dann bei ihm arbeiten könne.[235] Mitte 1936 sollte Lotte Lieven-Stiefel unbedingt endgültig in die UdSSR kommen. Ihr Visum lag schon in der Prager Sowjetbotschaft bereit. Ihre Ankunft musste aber immer wieder verschoben werden, weil Granach mit dem Theater auf Tournee war. Weshalb sie letztendlich nicht kam, bleibt unklar. Interessant ist die Liste von Gegenständen, die Granach ihr auftrug mitzubringen, da diese in der Sowjetunion schwer zu bekommen seien. Er bestellte Schreibpapier, Tinte, Schreibfedern, Kuverts, Gürtel, wollene Unterwäsche und Strümpfe, Handschuhe, einen Übergangsmantel, Baskenmützen, ein Rasiermesser, Rasierseife, Theaterschminke, Anzugstoff, Nadeln, Knöpfe und vieles mehr.[236]

Im Zuge der Auflösung der Mežrabpomfil'm wurde der geplante Film Granachs nicht mehr realisiert. Vermutlich war er auch schon vorher unmöglich geworden, denn Zenzl Mühsam war im April 1936 aufgrund von Trotzkismusvorwürfen verhaftet worden. Granach spielte weiter am Kiewer Jüdischen Theater. In der Kaderabteilung der KPD findet sich eine Notiz über Granach vom 26. September 1936, in der vermerkt ist, dass der parteilose Granach in der Vergangenheit eine trotzkistische Zeitung sowie

---

[234] Zitat aus: SAdK, Berlin, Granach-Archiv Sign.259. Hier sollte sich Granach irren. Wangenheim war einer der wenigen, die während ihres sowjetischen Exils keinen Schaden nahmen.

[235] SAdK, Berlin, Granach-Archiv, Sign.245, Brief vom 15. September 1935 und Sign.277, Brief vom 2. Juli 1936.

Granach hatte schon in Berlin mit Piscator zusammengearbeitet, obwohl sich Piscator damals mehrmals über Granachs lasche Arbeitsauffassung beschwert hatte, siehe Sign. 21, Brief Piscator an Granach vom 12. November 1927 und vom 31. März 1928. In der UdSSR war ihr Verhältnis entspannt. Granach bemerkte sogar, Piscator habe sich zu seinem Vorteil verändert, siehe SAdK, Berlin, Sign.237, Brief vom Juli 1935.

[236] SAdK, Berlin, Granach-Archiv Sign. 276, Brief vom 13. Juni 1936.

einen bekannten Trotzkisten finanziell unterstützt habe und außerdem auf
Künstlerfeiern durch trotzkistische parteifeindliche Äußerungen aufgefal-
len sei.[237] Trotz dieser Verdächtigungen wurde er Ende des Jahres 1936 vor
eine wichtige Entscheidung gestellt. Am 2. November schrieb Granach
nach Zürich:

> „Mein Zustand ist einfach ein aufgewühlter. In vier Wochen muß ich mich ent-
> scheiden oder ich nehme die Bürgerschaft an oder ich fahre hinaus."[238]

Ende des Monats hatte er sich dazu entschlossen, die sowjetische Staatsbürgerschaft anzunehmen, was im Kollektiv seines Theaters sehr gut aufgenommen wurde.[239] Dann stellte das Theater einen neuen künstlerischen
Leiter ein, mit dem Granach nicht zurechtkam. Man kürzte ihm die Gage
und das Theaterkollektiv änderte ihm gegenüber sein Verhalten. Aus diesem Grund machte Granach alles wieder rückgängig und reichte am Theater seine Entlassung ein. Er wollte nicht mehr bleiben, selbst bei einer In-
tervention übergeordneter Instanzen und plante in zwei bis drei Monaten in
der Schweiz zu sein, um sich dann um ein Engagements in Paris oder Südamerika zu bemühen.[240] Offensichtlich war er sich nicht darüber klar, dass
er nicht einfach nach Belieben ausreisen konnte. Vielleicht flüchtete er sich
aber auch bewusst in eine Traumwelt. Sein Entlassungsgesuch wurde igno-
riert. Granach war gezwungen in Kiew zu bleiben. Er übernahm schließlich
am Theater die Regie des Stücks *Kamerad Mimi* von Julius Hay. Die Pro-
ben liefen ab März 1937. Die Premiere war im Juni. Danach bereitete sich
Granach auf die Ausreise vor und es gelang ihm, seine Verpflichtungen in
Kiew zu lösen. Er arbeitete seit dem 1. Juli 1937 nicht mehr, obwohl er
mittlerweile ein sehr prominenter Schauspieler in der UdSSR war. Im Oktober 1937 schrieb er bezüglich seiner Ausreise an zwei ungenannte sowjetische Persönlichkeiten und hoffte, dass dadurch die Wartezeit erheblich
verkürzt werde.[241] Im November 1937 wurde Granach in Kiew verhaftet,

---

[237] Müller (1991) S.325f.

[238] SAdK, Berlin, Granach-Archiv Sign. 280.

[239] SAdK, Berlin, Granach-Archiv Sign. 281, Brief vom 28. November 1936.

[240] SAdK, Berlin, Granach-Archiv Sign.287, Brief vom 27. Januar 1937.

[241] SAdK, Berlin, Granach-Archiv, Sign.312, Brief vom 26. Oktober 1937.

vermutlich weil er sich so hartnäckig um seine Ausreise bemüht hatte. Er wurde der Spionage für Hitler beschuldigt, kam im Dezember aber wieder frei, da er bei seiner Verhaftung einen Brief des deutschen Schriftstellers Lion Feuchtwangers bei sich hatte, in dem dieser ihn dringend zu einem geplanten Filmprojekt nach Frankreich bestellte. Dies machte offensichtlich Eindruck auf die zuständigen Behörden, da Feuchtwanger Anfang 1937 von Stalin persönlich zum Gespräch empfangen worden war. Granach durfte bleich, abgemagert und mit kahl geschorenem Schädel Mitte Dezember 1937 ausreisen. Er emigrierte über Zürich in die USA. Am 26. Mai 1938 schrieb er auf dem Weg nach New York folgende Zeilen:

> „Wenn sich in meinem Herzen manchesmal ein bißchen Schwäche und Verzagtheit einschleicht und es mir ein bißchen traurig zumute wird, brauche ich nur meine Lage mit den viel Ärmeren und Hilfloseren zu vergleichen und an Mütterchen zu denken und an das Erlebte bei ihr und an die, die noch dort sind, dann komme ich mir wie ein König, wie ein Held, wie ein vom Schicksal Begnadeter und von Gott Behüteter vor."[242]

5.2. Wangenheims Rolle im Klima der Angst

Innerhalb jeder abgeschlossenen Gemeinschaft, die auf engem Raum zusammenleben und arbeiten muss, kommt es zu Differenzen. Die prominente deutsche Emigrantengemeinde in der Sowjetunion, die sich hauptsächlich aus Politikern, Künstlern und Schriftstellern zusammensetzte, war recht überschaubar. Man arbeitete mit und für Emigranten oder die deutschsprachige Minderheit in meist deutschsprachigen Abteilungen politischer Institutionen oder wissenschaftlicher und kultureller Institute, lebte meist in Gemeinschaftswohnungen, Emigrantenwohnheimen oder Hotels zusammen und hatte oft aufgrund fehlender Sprachkenntnisse kaum Kontakt zu den anderen Nationalitäten in der UdSSR. Auch in westlichen Exilländern war und ist zu beobachten, dass Emigranten lieber unter sich bleiben und in der Gemeinschaft ihrer Landsleute ein Stück Heimat suchen. Innerhalb solcher Gemeinschaften bilden sich zwangsläufig Sympathien und Abneigungen heraus und ebenso, wie es beispielsweise unter den Schriftstellern oder Theater- und Filmschaffenden in Deutschland Rivali-

---

[242] SAdK, Berlin, Granach-Archiv, Sign.321. Mit Mütterchen bezeichnete Granach stets die Sowjetunion.

täten und Gezänk gegeben hatte, so gab es dies auch in der Sowjetunion. In der gespannten Atmosphäre besonders ab Mitte der dreißiger Jahre wuchsen sich solche Streitereien allerdings schnell zu gefährlichen politischen Debatten aus. Besonders betroffen war hiervon auch die Deutsche Sektion des sowjetischen Schriftstellerverbandes,[243] deren Mitglieder teilweise mit der Theater- und Filmszene verwoben waren. Hier hatten sich schon relativ früh verschiedene Cliquen gebildet und die Mitglieder intrigierten nicht selten gegeneinander, aber auch gegen Außenstehende. Dies gipfelte darin, dass schon kleinste Meinungsverschiedenheiten zu erbitterten Streitigkeiten führten und es gefährlich simpel war, den Gegner durch Unterstellungen, Anspielungen und Verleumdungen in Bezug auf seine politische Verlässlichkeit zu diskreditieren, was oft zur Verhaftung und schlimmstenfalls zur physischen Vernichtung führte. Ein beliebtes Verleumdungsmittel dieses Kreises war die Literaturkritik, wie am Beispiel von Friedrich Wolf schon aufgezeigt worden ist.

Versammlungen innerhalb solcher Institutionen waren außerdem ein geeignetes Forum, um unter dem Deckmantel von Wachsamkeit und Selbstkritik, Andeutungen zu machen, Gerüchte zu verbreiten oder offen Beschuldigungen zu erheben. Die nachfolgende Beschreibung einer geschlossenen Parteiversammlung der Deutschen Sektion des sowjetischen Schriftstellerverbandes kann exemplarisch für andere ihrer Art stehen.

Sie fand vom 4. bis zum 8. September 1936 in nächtlichen Sitzungen statt. An ihr nahmen u. a. Gustav von Wangenheim, Friedrich Wolf und Julius Hay, der mit Piscator am Drehbuch des „Wolgafilms" gearbeitet hatte, teil. Die Zusammenkünfte sollten dazu dienen, Abweichler und Parteifeinde in den eigenen Reihen zu entlarven und zu eliminieren. Zu diesem Zweck mussten die Teilnehmer in Verhören, die als Selbstkritik bezeichnet wurden, Auskunft über ihre Kontakte zu anderen Emigranten geben, besonders zu denjenigen, die in letzter Zeit verhaftet worden waren. Die Zugehörigkeit zu Fraktionen oder abweichlerischen Richtungen wurden ebenso un-

---

[243] Die deutschen Schriftsteller hatten sich im sowjetischen Asyl zunächst in der deutschen Sektion der Internationalen Vereinigung Revolutionärer Schriftsteller (IVRS) organisiert. Nach der Auflösung der Vereinigung im Dezember 1935 bildeten sie die Deutsche Sektion des sowjetischen Schriftstellerverbandes, siehe Pike S.179.

tersucht, unterstellt und diskutiert, wie Wohnungsbesuche, gemeinsame Abendgesellschaften oder zufällige Treffen. Doch erniedrigende Kreuzverhöre hinderten niemanden daran, beim nächsten Befragten selbst wieder in die Rolle des Inquisitors zu schlüpfen. Als Überlebensstrategie kam es zu allerlei Denunziationen, sowohl gegen Anwesende, als auch gegen Nichtanwesende. Gustav von Wangenheim versuchte sich dafür zu rechtfertigen, dass bis dato so viele Personen aus seiner Umgebung verhaftet worden waren, vor allem von der Kolonne Links, deren künstlerischer Leiter er in Moskau gewesen war und die er während seiner Selbstkritik als „verlumpt und verkleinbürgerlicht" bezeichnete.[244] Verhaftungen seiner Freunde und Kontakte zu verurteilten Volksfeinden, wie beispielsweise zu Bucharin, stellten eine reale Bedrohung für Wangenheim dar.

Selbstverständlich äußerte er sich abwertend über die Verhafteten, etwas anderes wäre lebensgefährlich gewesen. In Bezug auf seine beiden verhafteten Assistenten Rauschenbach und Mansfeld beim Film „Kämpfer" wurde versucht zu klären, wer sie wann wie bei der Mežrabpomfil'm untergebracht hatte und damit die Schuld trage an der Einschleusung feindlicher Elemente.[245] Wangenheim bezeichnete Walter Rauschenbach als Homosexuellen. Homosexualität galt nach dem Moralverständnis der KPD als Abweichung und solche Behauptungen wurden deswegen häufig zur Diskreditierung herangezogen. Rauschenbach sei in Bruno Schmidtsdorf verliebt gewesen und habe diesem nachgestellt. Wangenheim war offensichtlich bemüht, auch Schmidtsdorf negativ darzustellen. Er bezeichnete ihn als harmlosen, aber scheinbar sehr primitiven Jungen.[246] Im September 1936 war dessen Frau bereits verhaftet worden. Das war ein Grund, sich von Schmidtsdorf zu distanzieren.

Auch der Name Piscators tauchte im Rahmen der Versammlung mehrmals auf und die hier gemachten Aussagen hätten sicherlich bei seiner Rückkehr zu einer möglichen Verhaftung beigetragen. Sie belegen, wie gefährdet Piscators Stellung in der UdSSR war. So wurde er beispielsweise dadurch

---

[244] Müller (1991) S.407.

[245] ebd. S.407f.

[246] ebd. S.414f.

diskreditiert, dass er sich kritisch über den Parteiausschluss eines französischen Kommunisten geäußert habe.[247] Auch andere Dinge kamen zur Sprache, so seine Anwesenheit auf Abendgesellschaften und eine Partyschlägerei in betrunkenem Zustand.[248] Der Schriftsteller Hay, der bei der Mežrabpomfil'm angestellt gewesen war, machte in seinem Redebeitrag die an Sabotage grenzende Arbeit der dortigen Genossen für das Scheitern des Studios verantwortlich. Hierbei hebt er besonders Piscator hervor, der vor allem am Scheitern des „Wolgafilms" die alleinige Schuld trage.[249] Wangenheim griff Piscator wegen seines Einflusses bei der *Deutschen Zentralzeitung* (DZZ) an. Diese ignoriere Wangenheims Arbeiten, weil sie aufgrund der Differenzen zwischen den beiden ungefragt für Piscator Partei ergreife.[250] Die Chefredakteurin der DZZ Julija Annenkova fehlte wegen Krankheit auf dieser Sitzung. Sie wurde 1937 verhaftet und beging 1941 Selbstmord.

Schließlich rühmte sich Wangenheim:

> „Ich möchte wiederholen, daß ich in der Frage der Wachsamkeit, des parteimäßigen Verhaltens Piscators, schon in Berlin bei der Partei war (...), und daß ich, wenn es nicht Piscator wäre, schon öfter über Bemerkungen von Piscator Informationen weitergegeben hätte."[251]

Piscator war also vorher durch seine Prominenz relativ geschützt. Offenbar konnte man erst zu diesem Zeitpunkt offen in die Verleumdungen gegen Piscator einstimmen und hierbei endlich auch persönliche Gefühle angesichts früherer Differenzen befriedigen.

Alle Angelegenheiten, die er für wichtig hielt, wurden schriftlich von Wangenheim fixiert und bei den entsprechenden Stellen eingereicht.[252]

---

[247] ebd. S.168.

[248] ebd. S.324ff.

[249] ebd. S.439f.

[250] ebd. S.395f.

[251] Zitat aus: Müller (1991) S.419. In Berlin machte Wangenheim über Piscator wegen möglicher Verbindungen zur Sozialdemokratie Meldung.

[252] Es gab mehre Stellen, bei denen man seine Meldungen machen konnte und oft tat man es gleich bei mehreren: bei der Kaderabteilung der Komintern, bei der KPD-Führung, beim NKWD, der KPdSU, bei der deutschen Vertretung der Komintern, u.a.

Dies betraf beispielsweise das Telefongespräch mit Piscator über die Besetzung der weiblichen Hauptrolle in „Kämpfer" und den daraus resultierenden Streit mit Brecht. Auch eine Auseinandersetzung mit Granach über dessen Freundschaft mit einem Kritiker der Sowjetunion, der als Trotzkist verunglimpft wurde, hat Wangenheim sofort der Kaderabteilung der KPD mitgeteilt. Wangenheim hatte also die Zeichen der Zeit klar erkannt und sicherte sich bei jeder Gelegenheit ab, was natürlich mit Denunziation gleichzusetzen ist. Im Folgenden beschuldigte er Granach ganz offen des Umgangs mit einem Trotzkisten und der Aufrechterhaltung alter Kontakte.[253]

Ein besonders unrühmliches Licht wirft es auf Wangenheim, dass die deutsche Schauspielerin und Kommunistin Carola Neher 1936 hauptsächlich aufgrund von Behauptungen verhaftet und zu Lagerhaft verurteilt wurde, die Wangenheim an verschiedenen Stellen und am 1. Juni 1936 während einer Vernehmung durch das NKWD machte. Er beschuldigte sie, Trotzkistin zu sein und zusammen mit ihrem Mann Anatol Becker einer entsprechenden Organisation anzugehören. Sie starb 1942 in einem Lager an Typhus.[254] Die Vernehmung kann natürlich während der bereits erwähnten Verhaftung Wangenheims stattgefunden haben. Die Tatsache, dass er verhaftet und nach kurzer Zeit wieder freigelassen worden war, war zu jener Zeit ein eher ungewöhnlicher Fall. Er könnte dabei als geheimer Mitarbeiter (sekretnyj sotrudnik) angeworben worden sein, falls er nicht schon einer war. Im Archiv der Kaderabteilung der Komintern sollen sich auch zahlreiche Berichte befinden, die Wangenheim über nahezu alle Mitglieder der Truppe 1931 abgeliefert hatte.[255] Auch für die Anklageschrift gegen die Deutsche Zenzl Mühsam, die Frau des von den Nazis ermordeten Anarchisten Erich Mühsam, wurden Aussagen Wangenheims beim NKWD verwendet.[256] Wangenheim begründete sein Verhalten später damit, dass er

---

[253] Müller (1991) S.417f.

[254] ebd. S.276f und S.560ff (Vernehmungsprotokoll Wangenheims), nach anderen Berichten soll sie erschossen worden sein, siehe hierzu auch Weber S.108f. Ihr Mann wurde 1937 erschossen.

[255] Müller (1993) S.129.

[256] ebd. S.121.

durch seine verschiedenen Bekanntschaften fürchten musste, irgendwann in Mitleidenschaft gezogen zu werden. Er sah daher nur die Möglichkeit, sich dadurch Vertrauen zu erwerben, dass er der Partei jederzeit die volle Wahrheit über alles sagte,[257] was natürlich bedeuten musste, das er sich stets als absolut gläubiger, linientreuer Kommunist präsentierte.

Doch nicht nur durch die Denunziationen anderer drückte Wangenheim Hilflosigkeit und Angst aus. Sie kommen auch dadurch zum Ausdruck, dass er in seinem Tagebuch die Namen derjenigen schwärzte, die als Volksfeinde verhaftet worden waren[258] und auf Photographien, die die Dreharbeiten zu seinem Film „Kämpfer" dokumentieren, Gesichter weg-kratzte oder sie auseinander schnitt.[259]

Aber nicht nur Wangenheim diente als Zuträger der Behörden. Müller schreibt, dass innerhalb der Kolonne Links mehrere Schauspieler Berichte an das NKWD lieferten, unter ihnen auch der später selbst verhaftete Hel-mut Damerius, in dessen NKWD-Akte sich die entsprechende Verpflich-tungserklärung findet und der diese Tätigkeit auch gegenüber Pieck in ei-nem Brief aus dem Jahr 1941 noch betonte.[260] Auch Alfred Kurella soll für das NKWD Informationen über deutsche Emigranten gesammelt haben, genau wie der spätere stellvertretende Kulturminister der DDR Hans Ro-denberg, der Privatgespräche mit Freunden aufzeichnete und beim NKWD ablieferte.[261]

---

[257] Aus dem Lebenslauf des Parteimenschen Wangenheim (1951), siehe Müller (1991) S.71f.

[258] Trapp (1983) S.146.

[259] SAdK, Berlin, Wangenheim-Archiv: Auf zwei Fotos (Flußszene mit Regisseur und Kameramann und Arbeitsphoto mit Dimitrov und Schauspielern) sind die Gesichter von Personen, bzw. ganze Personen geschwärzt und zusätzlich weggekratzt. Dies ist umso absurder, als man auf dem Flußphoto aufgrund der Entfernung ohnehin keine Gesichter erkennen kann. Szenefotos seiner Frau Ingeborg Franke sind in der Mitte durchgeschnitten, um die Person neben ihr (vermutlich Schmidtsdorf) ver-schwinden zu lassen. Ebenfalls durchschnitten ist ein Photo, das nur noch Dimitrov und im Hintergrund Ingeborg Franke zeigt.

[260] Müller (1998) S.142 und S.151.

[261] Pike S.464f und Müller (1991) S.326.

Schlussbetrachtung

Die vorliegende Arbeit hat gezeigt, dass das Exil in der Sowjetunion besondere Gefahren barg. Die Emigranten lebten in einem System, das ihren politischen Überzeugungen entsprach, fanden dort viele Beschäftigungsmöglichkeiten und litten keine materielle Not. Aber sie und ihre Arbeit waren stark von den politischen Trends im Land abhängig und gerieten zunehmend unter Druck in Zusammenhang mit der innenpolitischen Entwicklung im Land. Dies gipfelte ab Mitte der dreißiger Jahre in die Wirren der stalinistischen Säuberungen. Viele deutsche Emigranten wurden verhaftet, deportiert und fanden im schlimmsten Fall den Tod. Während der Zeit des Hitler-Stalin-Paktes (August 1939 – Juni 1941) wurden sie totgeschwiegen, waren selbst zum Schweigen verurteilt und wurden teilweise sogar an Deutschland ausgeliefert. Im großen Vaterländischen Krieg der Sowjetunion gegen Deutschland ab 1941 wurden sie evakuiert, aber auch deportiert. Besonders zynisch mutet es an, dass die deutschen Kommunisten ihren eigenen Genossen in dem Land zum Opfer fielen, das sie eigentlich aufgenommen hatte, um sie zu schützen.

In einer Gesellschaft, die in hysterischer Angst vor Feinden des sowjetischen Volkes lebte, waren sie als Ausländer besonders suspekt und somit gefährdet. Spätestens ab dieser Zeit war ihr Exil mit Gewalt und Verlust verbunden.

Die deutschen Filmemigranten, die eigentlich hauptsächlich Theateremigranten waren, mussten sich ebenso den innen- und kulturpolitischen Entwicklungen anpassen und unterwerfen. Obwohl Erwin Piscator 1934 in einem Interview betonte, in der UdSSR genieße der Künstler auch künstlerische Freiheit,[262] wurde die Arbeit der darstellenden Künstler in zunehmendem Maße Reglementierungen, Kontrollen und Überwachungen durch Partei und Bürokratie unterzogen.

Das Hauptforum deutscher Filmemacher war die Filmgesellschaft Mežrabpomfil'm, die zur international tätigen IAH gehörte. Sie versuchte für ihre

---

[262] SAdK, Berlin, Piscator-Sammlung, Sign.199, „Rozmluva s Piskatorem".

Filme mit ausländischer Thematik ausländische Regisseure, Drehbuchautoren und Schauspieler in der UdSSR zu beschäftigen. Durch die fortschreitende Zentralisierung der sowjetischen Filmindustrie und die immer stärker werdende staatliche Kontrolle und Zensur, scheiterten viele Filmvorhaben deutscher Emigranten schon in relativ frühen Stadien. In der Zeit zwischen 1933 und 1945 konnten nur drei Filme geschaffen werden, die als vorwiegend von Deutschen geprägte Filme angesehen werden können. Da mindestens zwei der Schlüsselpositionen Regie, Drehbuch und Produktion von deutschen Emigranten besetzt wurden und sie Bezug auf aktuelle Probleme der damaligen Gegenwart nahmen, fallen sie unter die Kategorie des Exilfilms. Im Rahmen einer generellen Vorstellung dieser kaum bekannten Filme wurde ihre Entstehung genauer untersucht, wobei die Probleme und Umstände aufgezeigt wurden, mit denen es die Mitwirkenden zu tun hatten. Hierfür wurden Teile von Nachlassarchiven beteiligter Schauspieler und Regisseure ausgewertet. Als enttäuschend empfand es die Verfasserin der vorliegenden Arbeit, dass sich kaum zeitgenössische Aufzeichnungen der Betreffenden zu ihren Werken und Arbeiten in diesen Archiven fanden. Aufgrund der besonderen Situation ist sicher vieles verloren gegangen oder sogar vorsätzlich vernichtet worden. Eine Ausnahme stellt die sehr interessante und umfassende Korrespondenz Alexander Granachs dar, die einen guten Einblick in seine Exilzeit gewährt.

Im Allgemeinen lässt sich sagen, dass deutsche Emigranten im sowjetischen Filmgeschäft so gut wie keine Rolle gespielt haben. Die Schauspieler waren aufgrund von Sprachbarrieren nur begrenzt einsetzbar und wurden auf ganz bestimmte stereotype Rollen festgelegt. Filmarbeit war also rar. Auch Theaterengagements boten keine zuverlässige, dauerhafte Einnahmequelle. Es existierten vier deutschsprachige Theater in der Sowjetunion, von denen eines, das Deutsche Theater Kolonne Links nur wenige Monate spielte. Im Zuge der Säuberungen wurden auch die übrigen noch im Verlauf der dreißiger Jahre immer größeren Schwierigkeiten unterworfen und schließlich geschlossen. Die verbliebenen Schauspieler mussten sich andere Beschäftigungsmöglichkeiten suchen.

Deutsche Drehbuchautoren, meist hauptberuflich Schriftsteller, schrieben Filme, die selten verfilmt wurden. Dies war oft frustrierend, wenn ständige Änderungsauflagen zensierender Instanzen mehrmals das Umschreiben forderten und der Stoff zum Schluss trotzdem abgelehnt wurde.

Deutsche Regisseure scheinen hauptsächlich mit dem Planen neuer Projekte beschäftigt gewesen zu sein, die schließlich immer wieder im Sande verliefen, sowohl im Film-, als auch im Theaterbereich. Ein gutes Beispiel hierfür ist Erwin Piscator. Dieser hat nach Beendigung von „Der Aufstand der Fischer" unzählige Pläne für neue Filme und Theaterprojekte entwickelt. Nichts davon konnte er verwirklichen. Allem Anschein nach hat Piscator bis zu seiner Ausreise Mitte 1936 nicht mehr inszeniert oder konkret künstlerisch gearbeitet.

Hinzu kam die wachsende Bedrohung durch unvermeidbare menschliche Beziehungen, aber auch ausländische Herkunft, in einen Strom von Denunziationen, Beschuldigungen und Verhaftungen hineingezogen zu werden. Die genannten Beispiele verhafteter und umgekommener Filmkünstler stehen nur stellvertretend für viele andere.

Gustav von Wangenheim repräsentiert all diejenigen, die das Exil in der UdSSR unbeschadet überstanden haben und ab 1945 nach Deutschland zurückkehrten. Er hat sicher auch Glück gehabt, dass er die Sowjets nach seiner Verhaftung soweit von seiner Loyalität überzeugen konnte, dass er wieder freikam und im Land bleiben durfte. Er hat sich mit dem Regime arrangiert, indem er andere opferte und sich stets als linientreuer, wachsamer Kommunist präsentierte. Vermutlich kann man ihm daraus nicht einmal einen Vorwurf machen, denn sein Verhalten im Klima der damaligen wechselseitigen Denunziationen scheint eine Art Überlebensstrategie gewesen zu sein, der sich sehr viele bedienten, um sich und ihre Angehörigen zu retten. Dass dies ein Trugschluss gewesen ist, haben die meisten wohl erst bei ihrer Verhaftung erkannt. Dieses Verhalten war natürlich auch nicht auf die deutsche Emigrantengemeinde beschränkt, sondern erstreckte sich ebenso auf alle übrigen Sowjetbürger.

Im Rahmen dieser Arbeit fällt der Regisseur Herbert Rappaport ein wenig heraus, weil über ihn und die Umstände seines ersten Films „Professor

Mamlock" kaum etwas in Erfahrung gebracht werden konnte. Die Quellenlage zu diesem Thema ist sehr begrenzt. Ein Teil seines Nachlasses befindet sich in der Stiftung Deutsche Kinemathek in Berlin. Er bezieht sich allerdings nur auf die Jahre vor seiner endgültigen Übersiedlung in die UdSSR 1936. Inwieweit Rappaport in die deutsche oder österreichische Emigrantenszene in der UdSSR eingebunden war, lässt sich schwer sagen. In sowjetischen Publikationen wird er als sowjetischer Regisseur geführt und hat auch sein gesamtes weiteres Leben nach 1936 in der UdSSR verbracht. Von allen anderen Filmkünstlern, von denen in der vorliegenden Arbeit die Rede war, unterscheidet er sich vor allem dadurch, dass er seit seinem Karrierestart hauptsächlich im Filmbereich tätig gewesen war. Eine ausführlichere Klärung seines Schicksals in der UdSSR ist in russischen Archiven vermutlich Erfolg versprechender.

Abschließend bleibt zu sagen, dass es sicherlich im Folgenden interessant wäre, diese heute teilweise zugänglichen russischen Archive auch auf Spuren der anderen in dieser Arbeit behandelten deutschen Filmschaffenden und ihrer Filme hin zu untersuchen.

Literaturverzeichnis

Monographien, Nachschlagewerke, Zeitungsartikel

Asper, Helmut G. : Film, in: Krohn, Claus-Dieter (Hg. u. a.): Handbuch der deutschsprachigen Emigration 1933-1945, Darmstadt 1998, S.957-970.

Becker, Petra (Hg. u. a.): In den Fängen des NKWD – Deutsche Opfer des stalinistischen Terrors in der UdSSR, Berlin 1991.

Boeser, Knut/Vatkova, Renata (Hg.): Erwin Piscator – Eine Arbeitsbiographie in 2 Bänden, Bd. 2 Moskau-Paris-New York-Berlin 1931-1966, Berlin 1986.

Buber-Neumann, Margarete: Als Gefangene bei Stalin und Hitler, Stuttgart 1978.

Bulgakowa, Oksana: Der Fall Meshrabpom, in: Bulgakowa, Oksana (Hg.): Die ungewöhnlichen Abenteuer des Dr. Mabuse im Lande der Bolschewiki, Berlin 1995, S.185-194.

Bulgakowa, Oksana: Emigration in der Sowjetunion – Ein Wiener in Sowjetrußland: Herbert Rappoport, in: Bulgakowa, Oksana (Hg.): Die ungewöhnlichen Abenteuer des Dr. Mabuse im Lande der Bolschewiki, Berlin 1995, S.219-234.

Chochlowa, Jekaterina: Meshrabpom. Dokumente, in: Bulgakowa, Oksana (Hg.): Die ungewöhnlichen Abenteuer des Dr. Mabuse im Lande der Bolschewiki, Berlin 1995, S.195-206.

Damerius, Helmut: Über zehn Meere zum Mittelpunkt der Welt. Erinnerungen an die „Kolonne Links", Berlin/DDR 1977.

Damerius, Helmut: Unter falscher Anschuldigung. 18 Jahre in Taiga und Steppe, Berlin/DDR 1990.

Dehl, Holger: Deutsche Politemigranten in der UdSSR: Von Illusionen zur Tragödie, in: UTOPIE kreativ, Heft 75 (Januar 1997), S.48-63.

Dehl, Holger/Mussienko, Natalija: „Hitlerjugend" in der UdSSR? – Zu Hintergründen und Folgen einer NKWD-Fälschung 1938, in: Beiträge zur Geschichte der Arbeiterbewegung, 1/1996, S.76-84.

Diezel, Peter: Theater im sowjetischen Exil – Vorexil - Wege ins Exil, in: Trapp, Frithjof (Hg. u. a.): Handbuch des deutschsprachigen Exiltheaters 1933-1945,

120

Bd.1: Verfolgung und Exil deutschsprachiger Theaterkünstler, München 1999, S.289-318.

Diezel, Peter: Theaterschaffende im Einsatz für den Internationalismus und die sozialistische Kulturrevolution, in: Jarmatz, Klaus (Hg. u. a.): Exil in der UdSSR, Bd.2, Leipzig 1989, S.433-515.

Engel, Christine (Hg.): Geschichte des sowjetischen und russischen Films, Stuttgart 1999.

Eljaschoff, Michael: Die Grundzüge der Sowjetverfassung, Heidelberg 1925.

Erpenbeck, Fritz: Kämpfer – Ein Film der Volksfront, in: Internationale Literatur, Nr.5, 1936.

Georg, Manfred: Mamlock in Amerika, in: Das Wort, Heft 2, 1939.

Goergen, Jeanpaul: Vosstanie rybakov (Aufstand der Fischer), Berlin 1993.

Goertz, Heinrich: Erwin Piscator in Selbstzeugnissen und Bilddokumenten, Reinbek bei Hamburg 1974.

Grossmann, Kurt: Emigration. Geschichte der Hitler-Flüchtlinge 1933-1945, Frankfurt am Main 1969.

Haarmann, Hermann (Hg. u. a.): Das „Engels"Projekt – Ein antifaschistisches Theater deutscher Emigranten in der UdSSR (1936-1941), Worms 1975.

Hadshinikolov, Vesselin: Georgi Dimitroff – Leben und Werk, Frankfurt a. M. 1972.

Hilchenbach, Maria: Kino im Exil – Die Emigration deutscher Filmkünstler 1933-1945, München 1982.

Hintze, Joachim: Erwin Piscator im Moskauer Exil (1931-1936), in: Amlung, Ullrich (Hg.): „Leben - ist immer ein Anfang!" Erwin Piscator 1893-1966, Marburg 1993, S.50-58.

Hoffmann, Hilmar/Schobert, Walter (Hg.): Der Film in den sowjetischen Unionsrepubliken, Frankfurt am Main 1982.

Horak, Jan-Christopher: Filmkünstler im Exil. Ein Weg nach Hollywood, in: Böhne, Edith/Motzkau-Valeton, Wolfgang: Die Künste und die Wissenschaften im Exil 1933-1945, Gerlingen 1992, S.231-254.

Jarmatz, Klaus (Hg. u. a.): Exil in der UdSSR, Bd.1 und 2, Leipzig 1979.

Jarmatz, Klaus (Hg. u. a.): Exil in der UdSSR, Bd.2, Leipzig 1989. (Völlig neu bearbeitete und erweiterte Auflage).

Jarmatz, Klaus: Zu den Wechselbeziehungen deutscher antifaschistischer Kunst mit der künstlerischen Kultur des Gastlandes UdSSR, in: Pfanner, Helmut (Hg.): Kulturelle Wechselbeziehungen im Exil, Bonn 1986, S.259-269.

Jutkevic, S.I. (verantwortl. Redakteur): Kinoslovar' v dvuch tomach, Moskva 1966.

Knapp, Roland R.: „Professor Mamlock" und das Schicksal seines Autors, Lehnitz 1997.

Kuhlbrodt, Dietrich: Im Fernsehen - Der Aufstand der Fischer, in: Filmkritik, Nr. 4, 1965, S.216-217.

Lacis, Asja: Revolutionär im Beruf, München 1971.

Lacina, Evelyn: Emigration 1933-1945, Stuttgart 1982.

Maurach, Reinhart: Handbuch der Sowjetverfassung, München 1955.

Mennemeier, Franz Norbert/Trapp, Frithjof: Deutsche Exildramatik 1933 bis 1950, München 1980.

Möller, Horst: Exodus der Kultur – Schriftsteller, Wissenschaftler und Künstler in der Emigration nach 1933, München 1984.

Müller, Reinhard: Die Akte Wehner – Moskau 1937 bis 1941, Berlin 1993.

Müller, Reinhard (Hg.): Die Säuberung: Moskau 1936 – Stenogramm einer geschlossenen Parteiversammlung, Reinbek bei Hamburg 1991.

Müller, Reinhard: „Schrecken ohne Ende". Eingaben deutscher NKWD-Häftlinge und ihrer Verwandten an Stalin, Jeshow u. a., in: Exil, Heft 2, 1997, S.63-89.

Müller, Reinhard/Mussijenko, Natalija: „Wir kommen alle dran". Säuberungen unter den deutschen Politemigranten in der Sowjetunion (1934-1938), in: Weber, Hermann/Mählert, Ulrich (Hg.): Terror – Stalinistische Parteisäuberungen 1936-1953, Paderborn 1998, S.121-159.

Müller, Reinhard: Dokumente, in: Weber, Hermann/Mählert, Ulrich (Hg.): Terror – Stalinistische Parteisäuberungen 1936-1953, Paderborn 1998, S.160-166.

Nöldechen, Peter: Piscator – Der Bürgerschreck, in: Der Spiegel Nr. 9, 1960, S.68-71.

Paul, Gerhard: Lernprozeß mit tödlichem Ausgang – Willi Münzenbergs Abkehr vom Stalinismus, in: Exilforschung, Bd.8 - Politische Aspekte des Exils, München 1990, S.9-28.

Pike, David: Deutsche Schriftsteller im sowjetischen Exil 1933-1945, Frankfurt am Main 1981.

Pulte, Peter/Reinartz, Ingomar: Die Verfassung der Sowjetunion, München 1975.

Reich, Bernhard: Im Wettlauf mit der Zeit, Berlin/DDR 1970.

Rodenberg, Hans: Protokoll eines Lebens, Berlin/DDR 1980.

Schafranek, Hans: Sowjetunion, in: Krohn, Claus-Dieter (Hg. u. a.): Handbuch der deutschsprachigen Emigration 1933-1945, Darmstadt 1998, S.384-396.

Scherbakowa, Irina: Die Denunziation im Gedächtnis und in den Archivdokumenten, in: Jerouschek, Günter/Marßolek, Inge/Röckelein, Hedwig (Hg.): Denunziation – Historische, juristische und psychologische Aspekte, Tübingen 1997, S.168-182.

Spoto, Donald: Die Seeräuber-Jenny. Das bewegte Leben der Lotte Lenya, München 1990.

Stephan, Alexander: Die deutsche Exilliteratur 1933-1945, München 1979.

Tischler, Carola: Flucht in die Verfolgung – Deutsche Emigranten im sowjetischen Exil 1933-1945, Münster 1996.

Tischler, Carola: Wurde der Tod billigend in Kauf genommen?, in: Meyer-Stiens, Ernstheinrich (Hg.): Opfer wofür? Worpswede 1996, S.49-57.

Trapp, Frithjof (Hg. u. a.): Handbuch des deutschsprachigen Exiltheaters 1933-1945, Bd.2 Biographisches Lexikon der Theaterkünstler, Teil 1 und 2, München 1999.

Trapp, Frithjof: Ich empfehle, die „Prawda" über die West-Ukraine nachzulesen, in: Exilforschung Bd.1 – Stalin und die Intellektuellen, München 1983, S.130-146.

Trapp, Frithjof: Zur Vorgeschichte des Engels-Projekts. Bemühungen um die Errichtung eines deutschen Theaters in Moskau 1933/34, in: Exil, Heft 1, 1981, S.23-40.

Verband der deutschen Filmclubs e.V. (Hg.): Der sowjetische Film I 1930 bis 1939 – Eine Dokumentation, Bad Ems 1966.

Waak, Renate: Bedeutende antifaschistische Filme und die Mitwirkung deutscher Schauspieler im sowjetischen Film, in: Jarmatz, Klaus (Hg. u.a.): Exil in der UdSSR, Frankfurt am Main 1979, S.500-532.

Waak-Ullrich, Renate: Bedeutende antifaschistische Filme und die Mitwirkung deutscher Schauspieler im sowjetischen Film, in: Jarmatz, Klaus (Hg. u. a.): Exil in der UdSSR, Bd.2, Leipzig 1989, S.554-602. (Völlig neu bearbeitete und erweiterte Auflage).

Walter, Hans-Albert: Asylpraxis und Lebensbedingungen in Europa - Deutsche Exilliteratur 1933-1950, Bd.2, Darmstadt 1972.

Walter, Hans-Albert: Europäisches Appeasement und überseeische Asylpraxis – Deutsche Exilliteratur 1933-1950, Bd.2, Stuttgart 1984.

Walter, Hans-Albert: Internierung, Flucht und Lebensbedingungen im 2. Weltkrieg, Deutsche Exilliteratur 1933-1950, Bd.3, Stuttgart 1988.

Wangenheim, Inge von: Auf weitem Feld – Erinnerungen einer jungen Frau, Berlin/DDR 1954.

Weber, Hermann/Mählert, Ulrich (Hg.): Terror – Stalinistische Parteisäuberungen 1936-1953, Paderborn 1998.

Weber, Hermann: „Weiße Flecken" in der Geschichte – Die KPD-Opfer der Stalinschen Säuberungen und ihre Rehabilitierung, Frankfurt am Main 1989.

Willett, John: Erwin Piscator – Die Eröffnung des politischen Zeitalters auf dem Theater, Frankfurt am Main 1982.

Wolkogonow, Dimitri: Stalin – Triumph und Tragödie, Düsseldorf 1996.

Archivmaterialien

Filmarchiv des Bundesarchivs in Berlin

> **Signatur 1023:** Filmmappe „Der Aufstand der Fischer".

> **Signatur 13192:** Filmmappe „Professor Mamlock".

Alexander-Granach-Archiv in der Akademie der Künste Berlin

> **Signatur 21:** Erwin Piscator an Alexander Granach, Brief vom 12. November 1927.

   Erwin Piscator an Alexander Granach, Brief vom 31. März 1928.

> **Signatur 24:** Inge von Wangenheim an Alexander Granach, Brief vom 23. Mai 1934.

   Gustav von Wangenheim an Alexander Granach, Brief vom 23. Juli 1934.

> **Signatur 27:** Gustav von Wangenheim an Lotte Lieven-Stiefel, Brief vom 11. März 1936.

> **Signatur 76:** Alexander Granach an Lotte Lieven-Stiefel, Brief von August 1934.

> **Signatur 222:** Alexander Granach an Lotte Lieven-Stiefel, Brief von März 1935.

> **Signatur 228:** Alexander Granach an Lotte Lieven-Stiefel, Brief von April 1935.

> **Signatur 229:** Alexander Granach an Lotte Lieven-Stiefel, Brief vom 3. Mai 1935.

> **Signatur 230:** Alexander Granach an Lotte Lieven-Stiefel, Brief vom 10. Mai 1935.

> **Signatur 234:** Alexander Granach an Lotte Lieven-Stiefel, Brief vom 15. Juni 1935.

> **Signatur 237:** Alexander Granach an Lotte Lieven-Stiefel, Brief von Juli 1935.

> **Signatur 244:** Alexander Granach an Lotte Lieven-Stiefel, Brief vom 14. September 1935.

> **Signatur 245:** Alexander Granach an Lotte Lieven-Stiefel, Brief vom 15. September 1935.

> **Signatur 254:** Alexander Granach an Lotte Lieven-Stiefel, Brief vom 23. Dezember 1935.

> **Signatur 259:** Alexander Granach an Lotte Lieven-Stiefel, Brief vom 17. Januar 1936.

> **Signatur 276:** Alexander Granach an Lotte Lieven-Stiefel, Brief vom 13. Juni 1936.

> **Signatur 277:** Alexander Granach an Lotte Lieven-Stiefel, Brief vom 2. Juli 1936.

> **Signatur 280:** Alexander Granach an Lotte Lieven-Stiefel, Brief vom 2. November 1936.

> **Signatur 281:** Alexander Granach an Lotte Lieven-Stiefel, Brief vom 28. November 1936.

> **Signatur 287:** Alexander Granach an Lotte Lieven-Stiefel, Brief vom 27. Januar 1937.

> **Signatur 312:** Alexander Granach an Lotte Lieven-Stiefel, Brief vom 26. Oktober 1937.

> **Signatur 321:** Alexander Granach an Lotte Lieven-Stiefel, Brief vom 26. Mai 1938

> **Signatur 489:** Alexander Granach: Antifaschistische Künstler in der Sowjet-Union, in: AIZ – Arbeiter Illustrierte Zeitung, Nr.6, Prag 6. Februar 1936, S.94-95.

Heinrich-Greif-Archiv in der Akademie der Künste Berlin

> **Signatur 2:** Verschiedene zeitgenössische Rezensionen zum Film „Kämpfer":

Huppert, Hugo: Der Weg zum Heldenepos, in: Deutsche Zentralzeitung, Nr.127, 4. Juni 1936.

Mar, A.: Borcy, in: Kino, 26. Februar 1936.

Pieck, Arthur: „Kämpfer" im Kampf um Wahrheit, in: Deutsche Zentralzeitung, Nr.127, 4. Juni 1936.

> **Signatur 126:** Verschiedene Zeitungsartikel:

Pincuk, L.: Genrich Grajf, aktër, poèt, kommunist, in: Sovetskaja kultura, Nr.54, 8. Mai 1971.

Rentzsch, Egon: Heinrich Greif-Kommunist, Künstler, Kämpfer-Zum 20. Todestag, in: Dresden aktuell, Nr.7, 1966.

> **Signatur 151:** Verschiedene handgeschriebene Lebensläufe

Erwin-Piscator-Center in der Akademie der Künste Berlin

> **Signatur 331:** Verschiedene Zeitungsartikel:

Anonym: Piscators Heimkehr – Russische Erinnerungen, in: Tempo, Berlin 4. November 1931.

De Haas, Helmut: Aufruf an die Bürger – Endlich in der BRD: Piscators „Fischer von St. Barbara", in: Die Welt, Berlin 5. März 1960.

Seuren, Günter: Piscator oder die Masse als Held, in: Deutsche Zeitung, Stuttgart 4. März 1960.

> **Signatur 693:** Arbeitsnotizen zum Drehbuch „Der Aufstand der Fischer von Santa Barbara", Mappe 1.

Erwin-Piscator-Sammlung in der Akademie der Künste Berlin

> **Signatur 11:** Der Reichsführer-SS Chef des Sicherheitshauptamtes – Erfassung führender Männer der Systemzeit, Juni 1939 – Künstler, Seite über Piscator.

> **Signatur 21:** Erwin Piscator an Franz Jung, Brief vom 17. Mai 1931.

> **Signatur 151:** Verschiedene Zeitungsartikel:

Huppert, Hugo: Ein Filmwerk von der Einheitsfront – Zur Uraufführung des Tonfilms „Der Aufstand der Fischer" von Erwin Picator, in: Deutsche Zentral Zeitung Nr.236, 12. Oktober 1934.

Koestler, Arthur: Miniaturen – Piscators Fischer von Sankt Barbara, in: Das Neue Tagebuch, 9. Februar 1935, S.142-143.

> **Signatur 199:** Handgeschriebenes Manuskript ohne Verfasser und Datum – „Rozmluva s Piskatorem" (Gespräch mit Piscator).

> **Signatur 236:** Verschiedene Zeitungsartikel:

Anonym: Érvin Piskator v Moskve, in: Literaturnaja gazeta Nr. 44, 1929.

Anonym: Deutsche Filmkünstler in Moskau, in: Der Ost-Expreß Nr.251, 24. Oktober 1931.

Anonym: Der Fall Piscator – Eine Richtigstellung, in: Die Welt am Abend, 11. November 1931.

Anonym: Ausländische Filmregisseure in Sowjetrußland, in: Der Ost-Expreß, 12. Mai 1932.

Gustav-von-Wangenheim-Archiv in der Akademie der Künste Berlin

Zeitungsartikel aus dem Wangenheim-Archiv

Klaue, Wolfgang: Ein Film galt als verschollen, in: Sonntag - Wochenzeitung für Kulturpolitik, Kunst und Wissenschaft, Nr.8 vom 24. Februar 1963, S.1 und 8.

Trepte, Curt: Wiederbegegnung nach einem Vierteljahrhundert, in: Sonntag – Wochenzeitung für Kulturpolitik, Kunst und Wissenschaft, Nr.8 vom 24. Februar 1963, S.8.

Wangenheim, Gustav von:

Nach 30 Jahren neu entdeckt – Über die Geschichte des Films Kämpfer (1), in: Junge Welt Nr. 47 vom 23. Februar 1963.

Ein paar Meter reichten nicht – Über die Geschichte des Films Kämpfer (2), in: Junge Welt Nr. 50 vom 27. Februar 1963.

Woher kamen die Künstler? – Über die Geschichte des Films Kämpfer (3), in: Junge Welt Nr. 53 vom 2. März 1963.

Ohne Maschine klappt unsere Bühne – Über die Geschichte des Films Kämpfer (4), in: Junge Welt Nr.56 vom 6. März 1963.

Jeder fand seinen Platz – Über die Geschichte des Films Kämpfer (5), in: Junge Welt vom 9. März 1963.

Von Mutter Lemke bis zu Eickhoff – Über die Geschichte des Films Kämpfer (6), in: Junge Welt vom 16. März 1963.

Die Geschichte der „Tippelbrüder" – Über die Geschichte des Films Kämpfer (7), in: Junge Welt Nr.68 vom 20. März 1963.

Engagement im Leben und Spiel – Über die Geschichte des Films Kämpfer (8), in: Junge Welt Nr.71 vom 23. März 1963.

Im Hause des Dichters – Über die Geschichte des Films Kämpfer (9), in: Junge Welt Nr.75 vom 28. März 1963.

Ungewöhnliche Sitzung – Über die Geschichte des Films Kämpfer (Schluß), in: Junge Welt vom 30. März 1963.

Wangenheim, Inge von: Einzigartiges Dokument – Gedanken von Inge von Wangenheim zu dem Film „Kämpfer", in: Volkswacht Gera vom 8. März 1963.

Weitere verwendete Materialien aus dem Wangenheim-Archiv:

➢ Aktennotiz 9. Januar 1963 Sekretariat des Stellvertreters des Ministers für Kultur Prof. Hans Rodenberg über eine Sichtung des Films „Kämpfer".

➢ Bemerkungen des Genossen Gorkij zum Film, aufgezeichnet von A. Kurella.

➢ Einladungskarten zu Filmvorführungen in Moskau am 9. und 14. Mai 1936.

➢ Photographien der Dreharbeiten.

➢ Protokoll einer Vorführung mit dem Film „Kämpfer" in Berlin am 22. Januar 1963 in der Hauptverwaltung Film.

➢ Russische Übersetzung (28.09.1936) eines Artikels aus der New Yorker Herald Tribune vom 2. September 1936 – Na Ėkrane „Bor'ba". Stat'ja Govarda Barnsa.

➢ Vermerk betreff Autorenschaft, Moskau 14. Januar1936.

➢ Widmung zum Film von Gustav von Wangenheim 1963.

Filmmaterial

Am Ende eines Traums – Deutsche Filmemigranten in Moskau, Film von Albert Klein und Raya Kruk, ZDF 1995. (Vorhanden in der Mediathek der Ruhr-Universität Bochum (RUB)).

Der Aufstand der Fischer, Film von Erwin Piscator 1934. (Vorhanden im Filmarchiv des Bundesarchivs in Berlin).

Kämpfer, Film von Gustav von Wangenheim 1936. (Vorhanden in der Mediathek der RUB).

Professor Mamlock, Film von Herbert Rappaport 1938. (Vorhanden im Filmarchiv des Bundesarchivs in Berlin).

Willi Münzenberg oder Die Kunst der Propaganda, Film von Alexander Bohr und Ronny Loewy, ZDF 1995. (Vorhanden in der Mediathek der RUB).

www.ingramcontent.com/pod-product-compliance
Lightning Source LLC
Chambersburg PA
CBHW022327280326
41932CB00010B/1249